打開天窗 敢說亮話

WEALTH

天窗出版

財科暗戰

投資加密貨幣大未來

章濤 著

目　　錄

第 **1** 章： **科技創新掀起投資機遇**

第 **2** 章： **2 聰明 HODL 藍籌加密貨幣**

第 **3** 章： **在區塊鏈躺賺 留意風險小注為上**

推薦序

陳奐仁

首位發行NFT的華語音樂人

GM（Good Morning）

The most precious talent today is possibly the ability to communicate effectively. Effectively and efficiently. I find myself drawn to people who can present complicated concepts clearly and simply. Cheung To is the master of this.

I have known Cheung To for the longest time but it was my recent obsession with NFTs and the blockchain that really drew us close. Truth be told, we share the same birthday (coincidentally the same birthday as Mozart, lol). He has given me much insight into the wisdom of simplicity and that at the core of everything is always people.

Cheung To's eloquence is deceptively discreet and subtle. He is a great listener and has a healthy balance of thought versus action. He is conservative but forward thinking. In these aspects, I'm constantly trying to mimic him. My conversations with him are ever so meaningful.

I have no doubt that this book will speak to even the least curious of beginners. I'm always keen to hear what he has to say on any development on the blockchain and internet technology.

WAGMI (We're All Gonna Make It，幣圈用語)

Hanjin

（中譯本）

GM（Good Morning 縮寫，幣圈中人打招呼的用語）

當今之世，最難能可貴的能力莫是可與人有效而又高效地溝通。我很喜歡那些能深入淺出解說的人。章濤就是這種大師。

與章濤認識很久，但要說到真正走近，是從我對 NFT 和區塊鏈的著迷開始。巧合的是，我們同月同日生（也正好與莫扎特同一天生日，哈哈）。他令我看到簡約的美，而萬事萬物的核心始終是人。

章濤說話有見地但含蓄。他既善於傾聽，亦能拿捏思想與行動之間的平衡。他保守但又走在最前。這一點，我一直在模仿他。與他的交流永遠有意思。

我肯定對區塊鏈興趣不大的新手亦會看得懂這本書。章濤對區塊鏈和互聯網科技發展的新見解，我隨時洗耳恭聽。

WAGMI（We're All Gonna Make It 縮寫，幣圈用語，意指「我們全部都會成功的！」）

陳奐仁

高重建

創業者和創作者、讚賞公民基金會創辦人

章濤是我最強的競爭對手。

開玩笑：）

不過，我倆都熱衷於科普區塊鏈與密碼貨幣，而他做得比我成功，是事實。

濤的成功，在於貼地。

還記得大概年半前的一個晚上，他跟我說，打算把「財科暗戰」從報紙專欄搬到 YouTube，問我意見。我知道他想要用「人話」去解釋區塊鏈，就提供了一些參考，豈料他看過後狠批，這哪是人話，太技術了，不知所云。

事後證明，他是對的。他以執著的態度，從最貼近平民的角度，以淺白有趣的語言，帶著新手進入密碼貨幣投資的領域。很多朋友對拙作興趣缺缺，卻都透過「財科暗戰」，進入了區塊鏈世界。

但我很樂於被比自己做得好的人「搶客仔」。

章濤是我的良師。

區塊鏈幾乎是唯一我能跟濤對話的題目，其餘的生活層面，我幾乎都是個乖乖聆聽的學生。

金融、密碼貨幣投資，看過「財科暗戰」的大概都知道濤是專家。煮、食、茶、啡，所有朋友都知道，又是濤的領域。除了他，我還真的沒試過到人家辦公室的午飯會議，會是由主人家先準備好煲仔飯來恭迎，一邊開會一邊吃飯，還一邊分享煮出飯焦的秘訣。

但濤的能耐可不只這樣而已，創業、管理，他都有很深的涉獵；歷史、人文，還有方方面面，他都有數不盡的分享。

「財科暗戰」已是駕輕就熟，如果濤願意，相信同時經營「企管暗戰」、「濤濤 cook」、「食當真」，成為首個多項全能 YouTuber 都不成問題。

章濤是我的好友。

有一種朋友，叫亦師亦友。

儘管懂得比我多，涉獵比我廣，資源比我豐富，但他從來不會高高在上，而是把我視作朋友。

濤有一種親和力，會讓你感受到，他把你當朋友。

不單是我，相信UD的眾多員工都會同意我的體會。又說回那次到UD辦公室的午餐會議，看著那個廚房——是，廚房，不是茶水間——跟濤和UD的廿年老員工吃飯，我忽然覺得，那氛圍好像傳統藥材舖、海味舖似的。偏偏，UD的業務卻是資訊科技，甚至是當中最前沿的區塊鏈顧問服務。最奇怪的是，整個體驗，竟然不產生違和感。

看濤的影片，讀這部《財科暗戰》，大概就是相同的體驗。看他娓娓道來，用最親切的人話，分享最前沿的知識，受眾輕輕鬆鬆照著做，毫無壓力地學習，一眨眼就踏進了密碼貨幣投資的大門，得到一位老師，也多了一個朋友。

蔡嘉民（Calvin）

香港程式交易研究中心聯合創辦人、對沖基金組合經理

感謝章兄邀請小弟為其新作《財科暗戰》撰寫推薦序，能為章兄作序，實是榮幸。未認識作者之前，已在YouTube等社交媒體留意到其頻道「財科暗戰」，及後有幸在朋友介紹下，認識了章兄。由於我倆都是加密貨幣的投資者，在第一次見面的飯局中，已經聊得相當投契，席中也從章兄身上學到不少。

加密貨幣發展、前景、走勢、應用等等話題固然出現在討論中，同時也聊到營商、企業管理等內容，甚至更聊到金錢觀、價值觀等深層次話題。每次與章兄討論皆獲益良多，更重要的是，他那獨到的思維及精闢的見解絕對值得學習。從「財科暗戰」的節目，到認識其本人，皆讓我感到章兄在普及化加密貨幣有宏大願景。

加密貨幣發展蓬勃，相關專頁及頻道如雨後春筍，從Facebook，到Instagram，再到Telegram，四處都不斷見

到「KOL」的誕生，但質素極為參差。為數不少的專頁內容都只是從 Google 搬字過紙，甚或乎瘋狂標榜加密貨幣是年輕人發達好方法，再貼出不少高槓桿獲利的截圖，以「刀仔鋸大樹」的操作方法吸引大眾注意。

可惜，細看之下卻發現這些所謂 KOL 所提倡的投資方法及理念錯漏百出，嚴重影響生態發展。有些更是純粹為了賺廣告收入，不理優劣，不作篩選，把劣質項目（Project）或產品推廣予大眾。別少看幣圈中遇上騙案（Scam）的機率，項目方捲款跑路（被 Rug Pull）、被騙的事例多不勝數。那加密貨幣是原罪嗎？

加密貨幣本身是項資產，是項新技術，完全中立。相反，往往錯的，都是人，而非工具。一項本來極有發展潛力的新資產，卻被不法之徒用以行騙，大大影響整個產業的發展。可惜，初學者缺乏專業知識，要他們自行判斷一個 KOL，或者一個項目是虛是實，實在極困難。

我敢說，在本地幣圈中，章兄是我數一數二會追蹤的 KOL。他非但對加密貨幣有極豐富認識外，更滿有熱誠。例如章兄會花心血及時間向其公司員工提供加密貨幣方面的資訊培

訓，鼓勵員工以加密貨幣交易及支付，致力在其百人公司打造出極佳的加密貨幣文化；此外，他亦會不時舉辦聚會，聚集加密貨幣各路高手，加深不同從業者的交流，從而推動整個幣圈發展。因此，在得知章兄有新作時，想也沒想就答應寫下此序。

此作絕對是幣圈入門必讀書籍，內容由淺入深，為大家逐一解構幣圈不同的概念，如區塊鏈、質押、空投、DeFi、穩定幣等等，更滲入了不少章兄自身的實戰經驗，極為珍貴，一步一步帶領你走進加密貨幣的新世界。

最後，有一點想分享的是，加密貨幣世界中，仍存在不少 cash on the table 的情況，獲利空間極多，與傳統市場相比實是差天共地。希望大家可以踏出舒適圈，擁抱新科技，保證你不會後悔。

在此祝章兄新作一紙風行，瘋狂加印，暢銷書榜見！

黃雅麗

《創業大時代》作者、初創公關顧問

周末下午四、五點，晴空無雲，天色正藍。冬日太陽懶洋洋地照著小花園，屋主的愛貓「桃桃」拖著蓬鬆的尾巴從家裡溜出來，蹲在草地上咪著眼看這幾個陌生人。

他們是LikeCoin創辦人高重建、全球第一位推出華語音樂NFT的陳奐仁、香港加密貨幣Influencer李奧、以及加密貨幣交易平台Kikitrade香港區負責人Sky。桃桃並不知道，小花園即將迎來更多客人，他們活躍於香港的加密貨幣圈子，大部分很年輕，而且全是他主人的新知舊雨：「財科暗戰」章濤直播室的嘉賓。

年多前章濤告訴我他有個構思，想自己主持一個YouTube頻道，向觀眾介紹有關加密貨幣和區塊鏈的知識（他很欣賞比特幣「去中心化」的理念，是個早期投資者）。近年隨比特幣愈來愈為人認識，公眾對整個加密幣投資市場的興趣也愈

來愈高漲，但章濤覺得，本地大部分有關加密貨幣的分享平台都過於投機導向，受眾亦似乎只有炒賣的興趣，大大忽略了由區塊鏈技術帶動的這一波互聯網3.0革命，將為世界帶來的顛覆性影響。

他平時出於興趣，閱讀、瀏覽大量有關區塊鏈技術和加密貨幣圈子的原始材料（以英文為主），覺得將之消化、分析後，以一般人都聽得懂的語言作解釋，提升港人在這方面的知識水平，不是很好嗎？聽罷他的構思，我當然大表支持，鼓勵他為大家正本清源，孰料他立即把握這機會，以挑戰的眼神盯著我問，別光給予不費勁的口頭支持行不行，拿出行動來吧。

就這樣，我硬著頭皮和章濤主持了首幾集「財科暗戰」。要知道我可是個徹頭徹尾的區塊鏈／加密幣技術門外漢啊，我連它們是甚麼都講不清楚，最多只能充當發問的角色，和在場為真正的主持人提供一點穩定情緒的作用而已。剛開始時，章濤會把他要講的重點一一列出，提早給我看了作準備，甚至把對白都寫出來，然後我們才開始錄影。他是製作

YouTube的新手，我是對區塊鏈一竅不通的菜鳥，二人面對鏡頭的失手次數，簡直可以用「罄竹難書」來形容。有時一段十來分鐘的片子要錄一、兩小時，令人十分沮喪。但不管如何，「財科暗戰」就這樣建立起來了。

不久，累積一定經驗後，章濤毋須寫稿就能暢所欲言；再之後，他可自己獨挑大樑；再再之後，他還能做直播、甚至邀請嘉賓參與訪談！不到一年時間，「財科暗戰」在YouTube上的訂戶人數，已超過他訂下的10K目標，執筆時已超越15K了。這頻道不以炒賣為噱頭，卻能吸引這些這麼多人訂閱，殊不容易。章濤告訴我，曾有幾個訂戶聯袂請他食飯交流，結果出席的都是有相當學識和投資經驗的人，能擁有這些高質素的支持者，令他樂滋滋。他不止一次向我說，開始「財科暗戰」是他一年來做得最好的決定。章濤一方面達到自己「普及教育」的使命，另一方面藉邀請嘉賓分享知識的緣故，結交到一群熱愛加密貨幣和區塊鏈技術的朋友，豈不樂哉？如今還能把分享過的知識重新整理、撰寫、結集成書，夫復何求呢。

夜幕低垂，明月高掛，桃桃受不住小花園的熱鬧，早就躲回房間裡去了。喇叭溫柔地播放陳奐仁手機上的曲單，賓客們仍酒酣耳熟，興致正高，不過大家都識趣地準備打道回府。不知誰召車後打趣道，人人都在爭車子，把 Gas Fee（汽油費）都搶貴了；另一人接嘴道，定是我給的 Gas Fee 不夠高，要等十多分鐘呢。大家熙熙攘攘地，帶笑說著只有加密貨幣投資者才聽得懂的笑話……隨大眾對加密貨幣和區塊鏈的認知在提升，這情景相信很快會在不同的地點重演呢。

自序

幣圈亂象是陣痛，
去中心化才是未來

我不是投資專家。

我樂於嘗試，喜歡創新，所以早早投入加密貨幣世界，成為早期的比特幣信徒及投資者，至今經歷過兩次牛市，兩次熊市，見證過 ICO 的盛衰，參與過 NFT 的熱潮，在 Terra 的事件上蒙受過巨額損失，可謂傷痕纍纍；但同時，也享受到包括比特幣在內的幾種主流加密貨幣幾十甚至過百倍的升幅。此外，我的團隊在這幾年之間練就了一身開發智能合約及區塊鏈技術的武功，所以加密貨幣帶給我的，不只是這些表面傷痕，還有被傷痕覆蓋的一身肌肉。

大學時期的我主修金融，但説來有趣，我二十多年來都沒有做過任何與金融相關的工作，而是一直從事IT行業，見證過二千年科網爆破、2009年金融海嘯及其後由iPhone帶起的流動互聯網浪潮，以及最近十年的比特幣狂熱。近幾年，金融科技成為一個大家愛掛在嘴邊的名詞，説著説著，彷彿金融和科技是配合得很好的一對老朋友，但其實這只是幻想，真相從來不是如此。

金融和科技的鬥爭

對金融人來説，科技只是工具，所以無論是人工智能、大數據，還是區塊鏈，都只是一些能更有效運用金錢，更快速累積資產的工具。他們目標為本，一直視金融為主角。然而，對於科技人來説，金融只是科技眾多應用場景之一，他們關心的是如何以科技去改變世界。所以，這個世界不是只有左右之戰，更有中心化和去中心化的戰爭，也就是金融和科技的鬥爭。諷刺的是，比特幣的誕生本來就是要對抗這個中心化的金融世界的各種惡毒與貪婪，但如今，整個加密貨幣的圈子卻是群魔亂舞，人人都想成為莊家——以去中心化之名

去做中心化的莊家。對此，我本來十分反感，但最近卻慢慢體會到，這些陣痛是一個體系要成長、成熟的必經過程。

加密貨幣作為新興事物，它要真正普及，必須要誘人以利，讓人們享受利益和方便，慢慢養成習慣，甚至變成生活的一部分，才能與金融權威分庭抗禮。

財不入急門 DYOR才是正道

2017年起，比特幣開始吸引了主流媒體和一般投資者的關注。當時，身邊不同人士都開始跑來問我投資意見，而對於這些朋友的提問，我總愛曉以大義——由去中心化這概念開始解說，再由這個核心思想逐步延伸……但他們總是興致勃勃地開展話題，最後聽到一頭霧水、意興闌珊。說到底，大家最感興趣的都是如何賺快錢。但偏偏快錢不易賺，因為財不入急門，越想一朝致富的人越容易墮入投資陷阱；亦正是我們的懶惰，造就出一個個提供「入市意見」的專家，但偏偏加密貨幣的投資不能懶惰，必須做足功課，看準時機，才可真正在市場中獲利。做專家不難，牛市的時候更是人人都

是「專家」，但能在適當的時機獲利離場或者選對資產長期持有才可笑到最後，做真正的贏家。如何做到？ DYOR（Do Your Own Research，幣圈用語）！

正因如此，我經營YouTube頻道及寫這本《財科暗戰》的想法很簡單，就是想把區塊鏈的各種道理解說清楚；假如你想找的是投資必勝法？抱歉，我提供不了，但我相信，你把這本看完，就一定能明白這些已在我們生活中「老是常出現」的加密貨幣到底是怎樣的一回事。

去中心化是一件反人性的事，但我卻相信這是我們的大未來。

第 **1** 章

科技創新
掀起投資機遇

1.1 加密貨幣的理念

很多人不明白，為何我要將把眼前的現鈔轉換成一串眼看不見，只浮現在互聯網的一串數字，這是一個頗大的心理關口。不過對我來說，投資加密貨幣的這幾年，最大的喜悅並不是源自幣價的升幅或是資產的增加，而是我在思考事物時多了一重維度：每一款加密貨幣的誕生，背後都有一個理念，希望能夠從科技、金融或生活層面去改變世界，改善現有的生活模式。

區塊鏈趨勢不可逆

「區塊鏈」這詞彙首見於 2009 年，至今十多年過去，區塊鏈已經發展至第三代。比特幣為我們打開了對區塊鏈和加密貨幣的認知，第二代區塊鏈以太坊就增加了智能合約的要素，加入儲存資料、與其他智能合約互動及執行條件等功能，為

加密貨幣提供了一個區塊鏈應用普及化的願景，也開拓了無限的想像空間。現時區塊鏈第三代已可實行跨鏈（Cross-Chain）技術、容許加密貨幣資產跨越不同的區塊鏈使用及存放，顯然是百花齊放，當中更以區塊鏈項目 Cosmos 為首，創造一個區塊鏈互聯網。

圖1.1　三代區塊鏈

	用途	例子
第一代	區塊鏈與加密貨幣技術問世	比特幣
第二代	增加智能合約，提供區塊鏈的應用	以太坊
第三代	實行跨鏈技術，加密資產跨越不同區塊鏈應用	Cosmos

幾年前，我公司慶祝成立二十週年，向長期客戶和表現出色的員工派發少量的比特幣作為獎勵。當時，大部分人都不明白甚麼是比特幣，但因為教育成本太高，我亦未開設「財科暗戰」YouTube 頻道來定期分享資訊，就乾脆向他們提供兩個選項：提供錢包地址以收取比特幣，或是以當時的兌換價折算為港元。結果不難想像，大部分人會選擇「折現」，他們之所以這樣做，說穿了，就是因為訊息不足，也沒有誘因去

做功課研究比特幣的內在價值、是否值得持有等。假如這些人當時選擇比特幣並持有至今，應該已經升值數倍。所以，直到時至今日，仍有人說：早知如此，便應當繼續持有比特幣，而不轉為永遠貶值的法定貨幣。

時移勢易。當機構投資者已經陸續入市，部分國家更購入比特幣作為儲備，區塊鏈的科技應用亦日益普及，已經達到百花齊放的景象，趨勢已成，這是不爭的事實。

在噪音中堅守目標

但在這個資訊爆炸的年代，新聞太多，有預設立場的新聞亦不少，某些媒體不遺餘力地報道有關加密貨幣的負面消息，愈負面就寫得愈起勁，不明白加密貨幣內在價值的投資者信心不足，看了這些新聞之後難免會動搖。正是這些噪音，令投資者容易失分寸、作出錯誤的判斷和決定。

除了媒體外，社交圈子也有其影響。很多經驗老到的生意人和傳統投資者都會告訴你各種各樣有關加密貨幣騙案的例子，相反，年輕一輩的投資人卻同時討論著很多加密貨幣的

正面消息，訊息紊亂的情況下，大家就好像生活在平行時空，孰真孰假實難分辨。無他，這就是同溫層效應，當我們以為自己每天都在社交媒體上讀著數之不盡的資訊、新聞，以為自己已經看得夠多、夠廣、夠客觀時，其實我們看到的可能只是整個世界的一個小切片，因為社交媒體應用 AI 大數據精準投放內容給用戶，用無窮無盡的資訊填滿大家眼球，只是能看到的，都是與你立場相近、口味相似的東西。例如「SpaceX 會帶狗狗幣上太空」這事代表甚麼？很多人會覺得這是幣市的利好消息，但對我來說則只是一則趣聞；中國礦工四處流竄，引致比特幣大跌，這代表甚麼？有人或會覺得是幣市走向熊市的開端，但其實它只是世界在適應科技變化的其中一個過程。

同一則消息，你由不同的切入角度去解讀，得到的結果也不同，所以，千萬別以為你看到的就一定是全部，更不要以為世界上人人都用著與你一樣的視角。

又例如，每當市場大跌或者大升的時候，總有不少人想知道原因，追著查問「為甚麼」。須知道，事情既已發生，你要找

一個理由去解釋，其實不難，但這些「理由」通常都不會是真正的原因，只是你在眾多說法當中選擇了一個自己願意相信的版本，覺得Ａ＋Ｂ必然會得到Ｃ。這種對號入座的心態令你感覺良好，自以為自己是個理性的投資者，只是，事實是否真的如此？

資訊很多很雜亂，甚至會形成重重噪音；但其實這並不重要，關鍵是你要能認清區塊鏈和加密貨幣的真正價值，為自己釐定投資方向和目標，才是頭等重要的事。

幣市贏家：熟悉區塊鏈、持續買幣

投資是一件人生大事，值得花時間做足功課，無論是投資股票抑或加密貨幣，必須了解其內在價值，不要投資自己不認識、不了解的東西。現時的我雖然不是加密貨幣投資新手，但仍然會堅持每天花三小時來學習各種區塊鏈知識及消化各種市場資訊。做足功課，充實自己，這就是最好的投資方法。

加密貨幣的發展日新月異，每分每秒都有新事物誕生、新玩法面世，令人花多眼亂。投資者如能看清楚每一款加密貨幣

的理念及技術含金量，相信你也會像我一樣明白區塊鏈和加密貨幣是朝著未來發展，以及知道應當選擇哪些幣和項目來投資。

過去幾年，真正在幣市有獲利的人有兩種：一是真正深入了解區塊鏈技術，決定把法定貨幣資產轉移到加密貨幣的人，一注獨贏。二是每天堅持以平均成本法買入加密貨幣的投資者，如果你每個月有一半收入可以留作儲蓄，而又能每天買入少量比特幣，過去幾年的升幅絕對會比買股票基金保險強積金多好幾倍，我相信，未來同樣如此。

幣圈術語：To the moon

指幣價暴漲，一飛衝天、飛往月球。

TO THE MOON.

1.2 信加密貨幣
就是信科學

要學習投資加密貨幣,就必須要先了解其本質;而要了解加密貨幣的本質,就必須要先了解甚麼是貨幣——貨幣究竟為我們的生活解決了甚麼問題?同時又帶來了甚麼問題?我經常說,信加密貨幣,就是信科學,那為何加密貨幣及背後的科學能解決以上傳統貨幣所帶來的問題?

貨幣發展四個階段

今時今日,貨幣的存在就如空氣一樣自然,但其實它不是自有永有的,而是有其生成、發展的過程。

階段一:以物易物

在貨幣出現前,以物易物就是人類社會的交易模式。簡單來說,在農村社會裡,老黃是種菜的,小陳是養豬的,老李是

打魚的，而五斤菜可以換一條魚，二十條魚可以換一隻豬，一切按「標準」交易。但這個看似公平的定價，實際操作起來時就存在很多問題，就如找續程序非常困難：種菜的老黃不會養豬，卻想吃豬肉，所以他只想買幾斤豬肉回家吃，而小陳如果想換幾斤菜，就不得不殺一隻豬按比例分出豬肉給老黃，問題是，剩下的豬肉要如何處理？難道他要以超低價買給老李去換魚？那如果老李不想吃豬肉又怎麼辦……

假設所有村民都會定期把產品拿到市場去賣，他們的交易便需要有一個媒介去解決三個問題：計價、儲值和交易。第一代原始貨幣就是因著這緣故而誕生。

階段二：主權貨幣

歷史上的流通貨幣很多，由最原始的貝殼、骨頭，到青銅器時代的刀幣，到銅板，再到貴金屬和紙幣，雖然形態各異，但都符合幾個大原則：一般人難以複製、便於儲存及攜帶和耐用等。

然而，無論這個貨幣的媒介是甚麼，大家最關心的都離不開一件事：是由誰來發行和鑄造。所以，誰有了鑄造貨幣的權力，就等於擁有了分配財富的權力，亦即成為了權力的核心。鑄幣這事因而有了其「魅力」，歷史上那些大大小小的戰爭，說穿了都是為了爭取鑄造流通貨幣的權力，繼而定義財富的規矩。試問這世界上，誰不想做只賺不賠的莊家？

階段三：主權貨幣與中間人

有了社會普遍認受的貨幣，貿易便會發達起來，但本地交易可以直接交收，但跨境貿易則需要解決信任問題：究竟是我發貨給你？還是你先把錢給我？於是，「中間人」就應運而生，去解決買賣雙方的信任問題。一個有效的中間人，多少要有一點「官方」的角色，要麼有錢，要麼有權，總之是買賣雙方都要共同信任的單位，這時候，財力雄厚、有官方加持的銀行便是最好的選擇；所以，在過去一百年間，國際貿易蓬勃發展，銀行都在其中扮演起十分重要的中間人角色，解決了不少問題，也令各個國家的法定貨幣可以有效地兌換。

圖 1.2　貨幣發展進程

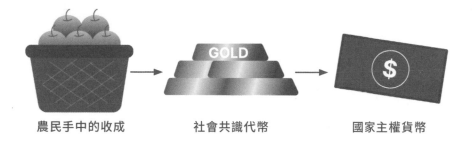

農民手中的收成　　　　社會共識代幣　　　　國家主權貨幣

圖 1.3　銀行成為各國貨幣之間的「中間人」

國家主權貨幣　　　　　　銀行　　　　　　國家主權貨幣

金錢由作為實體貨物的存在，演變成了今日銀行網頁內的一串數字，本質雖然不變，但實質擁有人卻改變了。

我們自小就被灌輸「養成儲蓄習慣」的概念，所謂儲蓄，即是將收入的一部分存入銀行，銀行會提供利息，或者協助你

買賣一些理財產品，讓你的財富愈滾愈多。這種財富意識已經在社會上植根了幾十年，因此一提起儲蓄，我們便會想起銀行。而你把錢存入銀行，政府也樂見其成，因為銀行裡的存款愈多，社會亦會相對地變得愈安全穩定；當政府要刺激經濟的時候，就會減息，讓資金外流去投資一些更高回報的項目，從而增加就業率和鼓勵更多經濟活動；相反當經濟太過熾熱，導致通脹率太高的時候，政府便會加息，讓借貸成本更加高，從而減低高槓桿的活動，讓資金流入銀行。

世界各國已經習慣了這種宏觀的經濟調節方法，甚至已經熟練習地將之視為金科玉律、永恆不變的大道理。但其實這道理的背後有前提假設：第一、政府需要有高效的管治能力，第二、人民對銀行要有一定的信任。只有滿足這兩點，貨幣的流通和運作才可維持正常。但過去這些日子裡，我們看見世界的各種亂象，對上述的這些假設都不禁產生了疑問。

階段四：非主權貨幣

金融機構的發展確實為人類社會解決了不少問題，更促進了經濟的高速發展，但與此同時，也催生出不少有關人性本質

的問題。比特幣和區塊鏈技術就是在這樣的背景下誕生的。比特幣於 2009 年面世，以「點對點」方式達致去中心化交易，它不屬於任何國家政權或銀行系統的非主權概念，正正體現它的誕生是對銀行邪惡、傳統金融機構貪婪的厭惡。正是由於這兩者勢力太大，無從制衡，影響對法幣系統的信任，一眾有心人才決心作金融改革，建立另一套信任模式，也因而有了去中心化的區塊鏈和比特幣。

過去幾年，每次我向別人解釋加密貨幣的時候，最常被問及的問題就是：如何變回「真錢」？所謂真錢，在這些發問者的心目中有其潛台詞，即是有國家政權背書的流通貨幣，國家愈大，錢愈「真」，因此，美元便成為大部分人眼中最真實的錢，而經濟體愈小的國家，即使他們發行的是「真錢」，對於投資者來說，可能也沒有意思。試想想，如果有人向你兜售年回報超過 200% 的委內瑞拉投資產品，恐怕你也不會心動，換言之，金錢的真偽，說到底其實不在乎它是否擁有國家的背書，而是在於它的認受性、流動性和穩定性。

圖1.4 法定貨幣 vs 加密貨幣

	法定貨幣	加密貨幣
發行	政府	電腦系統
控制	中心化（由政府監察）	去中心化（系統協議）
交易方式	實物（現金）或 虛擬（數碼人民幣）	數碼加密方式
供應量	無限	有限（例：比特幣）或 無限（例：以太幣）

龐大數量電腦共同維護的網絡

比特幣的產生其實是能量的轉化，沒有國家的背書，屬於非主權貨幣，那我們對它的信任建基於甚麼？答案是，對科學的信任。

1＋1等於2，在數學的世界裡是永恆不變的定律，因此從電腦程式推算出來的結果是騙不了人的，而當世界所有數以百萬、千萬部電腦都在同時執行著這個程式，共同維護著這個區塊鏈網絡的時候，就會形成了一個比人為政權更加牢固的系統；更難改動，也更可信。這亦就是我所説的「信科學」。

過去，當我費盡唇舌去解釋為甚麼無情的電腦比多變的人更加可信時，大部分人都覺得我是中了電腦病毒的人，瘋言瘋語；但這些年，大家耳聞目睹了人與人、國與國之間的背信棄義和出爾反爾，對社會體制抱持多年的信任都不禁動搖了，開始思考「可信」這事，也將眼光放得更遠。

以上所說的四個階段，概括了貨幣發展的重要轉折點，但可以肯定的說，它依然有繼續變化的可能和方向，所以，不要把眼前的一切視為必然、不可改變的事。

十年之前，如果有人跟你說：寫一篇文章的酬勞可以是10美元或者兩個比特幣，我相信大部分人都會選擇美元，因為那時候根本沒有太多人懂得甚麼是比特幣，而比特幣在當時也沒有甚麼流動性，更遑論市場價值了；所以我相信99.99%的人都會選擇美元，袋袋平安，但如果你看到的是貨幣的內在價值，就會早人一步獲得財富——人稱「V神」的以太坊的始創人布特林（Vitalik Buterin）就是靠寫作獲得他的第一個比特幣。

幣圈術語：White paper（白皮書）

是指加密貨幣開發者提供予大眾的報告書，當中包含項目內容、技術的特徵及優點，通常可在加密貨幣的官方網站下載。

「幣本位」投資思維

1.3

不論加密貨幣新手投資者，抑或在場邊看得心癢癢的準投資者，通常都有滿腹疑問，而當中最熱門的問題是：如果買入的加密貨幣升值了，要如何變回「現錢」？

這問題並不難答，相信讀者到我的「財科暗戰」頻道觀看影片就可以找到答案。不過，我想反問一句：你投資的目的是甚麼？如果答案是一些具體的物質需要，例如買車買樓、改善物質生活、交學費等，那麼我當然理解你的想法，在加密貨幣獲利後就需要將部分或全部加密貨幣轉換成美元或港元等法定貨幣，簡單說，即是大多數人認知中的「變現」。不過，當我們投資加密貨幣的時候，也需要問自己：到底是要增加港元存款，還是站在加密貨幣為本的立場，去增加加密貨幣如比特幣等加密貨幣的持倉量？

話雖如此，但在過去一年多的牛市裡，我見到的實況卻是：不少人在高位套現後，所得的資金並沒有其他用處，糊裡糊塗地「離場」後，手中的確持有比原本更多的港元或美元，卻只是呆頭呆腦的拿著利潤，無甚作為——不過反正帳面上賺了幾倍，看著舒服，心裡又滿足，也不太介意自己的不作為。只是，當賣出的加密貨幣價格繼續攀升時，卻又再次心癢難當，害怕錯過了未來的升幅，想來想去，天人交戰一番後，還是再度入場，滿心期待下一次獲利。但假如早知會回場，當初賣出豈不是既多餘又笨？

說穿了，中途離場無非是信心不足，害怕泡沫過後只剩下美好的回憶，茶餘飯後還要遭受朋友的嘲笑，既然如此，才自覺要先將收益變回現錢，袋袋平安。

你想變現，抑或終身持有加密貨幣？

但我們不妨換個角度去思考：如果你手上升值的是其他傳統資產如黃金，房地產等等，你會否急著賣出套現？你可能會說，不一樣啊！黃金可以抗通脹，在亂世下買個平安；房地

產則是社會剛需，因為人人都有住屋的需要，所以哪怕今天樓價下跌，在土地供應不足的大背景下，長遠依然是只升不跌。

假如你弄明白了以上這個問題，就會知道「變現」這動作的核心在於大家對資產的定義：若你認為加密貨幣長遠沒有價值，那獲利離場、變現可能是不錯的選擇；但如果你承認它是新興的資產類別，那麼你的思維就會大大開闊，不會再執著於如何變現，而是將問題調整成：我應該如何分配手上資產，將若干份額投放到加密貨幣？因為這資產在日後不但會升值，說不定還會有許多實際用途⋯⋯

先得表明，我絕不反對法定貨幣為本的投資，畢竟我們仍然生活在物理世界，衣食住行，一切消費均以法幣為本，所以想收穫法幣，不難理解。而在過去的三十年裡，最有效增值法定貨幣的方法不外乎是股票和房地產，但實情是，我們都沒有回到過去的能力，那大家就要問：這些過去的成功例子是否會一直不變？這種升幅可以持續多久？未來十年最有可能爆升數倍的資產會是哪一個？

我看好的當然是加密貨幣，更是堅持HODL（終身持有，Hold On For your Dear Life）第一代區塊鏈——比特幣，因為比特幣是發行量是有限（只有2,100萬枚）而且有用的資源，因此會不斷升值。我也看好第二代區塊鏈的以太幣，但其他小幣種的看好則一般不過數個月。而其實，加密貨幣同樣可以令你得到法定貨幣的回報。

資產配置以比特幣、以太幣為主

加密貨幣可以分為通縮型貨幣和通脹型貨幣。前者有發行上限，就如比特幣，只要持有者不賣出，價錢便會上升。而通脹型貨幣則相反，沒有發行上限，例如以太幣。

現時可以在市場上自由買賣的加密貨幣成千上萬，但值得花時間研究的應該不會多於50種。有些人會把資金分散投資在很多不同的幣種，期望其中有一兩種幣可以爆升幾十甚至幾百倍，這樣的話，即使其餘的投資組合是垃圾幣，最終統統歸零，爆升的部分都可以補償損失。

的確，過去一年有好幾種加密貨幣有類似的驚人升幅，但這種買彩票的心態其實不可取，因為你除了需要花大量時間去做不必要功課外，管理各種錢包和交易所也不是一件很簡單的事，再加上幣圈內各種質押（Staking）、去中心化金融（DeFi）和空投（Airdrop）等活動，足夠令人每日都廢寢忘餐。

我認為應該將投資的份額分成三份。大部分資金集中在最穩健的比特幣和以太幣上，再用大約20%資金買入第三代區塊鏈PoS（Proof-of-Stake）類的幣種（如ATOM）去作質押和領取空投，最後，小部分的資金去買一些市值較小，但具升值潛能的加密貨幣及NFT，考驗自己眼光（以上種種投資方式及利弊會在之後章節詳細講解）。這種做法不但能平衡風險，更可期待升幅。而2022年經歷過算法穩定幣UST的脫鈎風波後，穩定幣過份槓桿，以及所面臨的技術風險和政策風險，大家不可不察，所以，持有少量穩定幣並無不可，但切忌以為它可完全取代美元。這些各類幣圈投資活動玩法及心得，我也會在其後章節詳細介紹。

當然，過去幾年當然不乏孤注一擲然後「無緣無故」發大達

的例子，但畢竟這些只是非常少數的幸運兒。而假如你是 2020 年前接觸加密貨幣的，肯定見證過某些小幣狂升幾十甚至幾百倍的瘋狂例子，即使大如比特幣，2020 年至今也升了 10 倍，但同時，在過去兩年，現時市值前二十大的加密貨幣都曾經經歷過暴升的時候。正是這些瘋狂升幅，令不少投資者慨嘆一句：早知如此，當然就應該把全副身家，甚至借錢、以高槓桿的方式投入幣，若然這樣，現在便能退休了。

不要槓桿 十賭九輸

但我想說的是，不要槓桿，不要槓桿，不要槓桿，重要的話說三次。

除了刻意抹黑加密貨幣的負面報道外，市場上那些正面的「宣傳」亦要留心。例如「某某購比特幣賺了過億身家」、「少年幣神炒幣致富」、「加密貨幣助我 30 歲前退休」等等，令人看得心癢癢。對於這些資訊與報道，我一向相當反感，甚至覺得這些新聞出現的時候，其實就是市場下跌的訊號。貪字得個貧，市場上很多經驗不夠的投資者以為可以靠槓桿炒

作而一朝致富，但十賭九輸，加密貨幣槓桿炒作最高可以做300倍，的確可以令人一朝致富，但賺了錢的人通常不會立即離場，而是繼續「過三關」，直至把利潤和本金全部輸掉為止，結果不但沒有致富，甚至負債纍纍。

幣圈術語：Buy the dip

在投資者在低位買入加密貨幣。

第 **2** 章

聰明HODL
藍籌加密貨幣

區塊鏈 1.0
向傳統金融勢力開戰

「區塊鏈」（Blockchain）這詞彙首見於2009年，是在第一個比特幣誕生之後才出現的。在比特幣的白皮書裡，作者首次用到 "chain of blocks" 去形容比特幣背後的科技理論，所以我們普遍將比特幣形容為第一代區塊鏈。

公開帳本防造假帳

比特幣區塊鏈是一本公開的帳本，理論上每一個人都可以參與記帳，記錄世界上每一條交易，由於這帳本公開透明，而且人人都可以自由參與，令個人的造假帳行為變得完全沒有空間。例如我給了小明100元，若全世界人都參與記錄這次轉賬，我就不能說這100元仍然在我手，小明也不能抵賴說沒有收到我的款項。這機制看似簡單，但其實它解決了長久以來都困擾大家的信任和偽鈔問題；事實亦證明，比特幣面

世至今的十多年間，從未發現過「偽鈔」。但若將此事換個角度來思考，其實也代表：只要有一個偽造的比特幣流出市面，整個機制便會崩潰，比特幣的價值將瞬間歸零。

無疑，公開帳本這概念很理想，但問題是：理念再好，但憑何要人貢獻自己的電腦出來參與這個基礎活動呢？答案是獎勵。

「礦工」維護帳本運作

原來，比特幣的程式每十分鐘便會生成一個新的區塊記錄過去的出入帳，而每一個區塊亦會帶來新生成的比特幣，並以此作為獎勵，付予提供計算能力的人；這些貢獻自己電腦的計算能力去維護這帳本運作的人，可以賺取新生成的比特幣，他們也被稱為「礦工」。作為礦工，除了能賺取由區塊生產出的比特幣外，更可以賺取記錄每筆交易的手續費，這些手續費亦稱礦工費（Gas Fee），當愈多人使用這條區塊鏈去轉賬，網絡就愈繁忙，礦工費也就變得愈高。

這裡亦牽涉到比特幣「減半」（Halving）這一重要設計。如前面提及，比特幣約每10分鐘生成一個區塊，開始時，這些區塊會帶著50枚比特幣作為分予礦工的獎勵，而每生產21萬個區塊後，獎勵就會「減半」；因此，每次減半的週期大約為四年。由2009年至今，已分別於2012年、2016年、2020年經歷三次減半，獎勵數亦由最初的50遞減至目前的6.25枚，估計下次減半會發生在2024年，屆時，每區塊的獎勵會變成3.125枚。根據這設計，比特幣的數量會愈來愈少，亦解釋了何以每次減半後，幣價都有可觀升幅（詳見圖2.1），而只要它繼續存在且有人接受它作為資產的量，這一通縮資產只會升值。再者，創辦人中本聰已消失，其手上的比特幣（有說是100萬枚）亦不太會再流出市場；加上早期參與者中，不少人都因遺失硬盤、錢包等事故，令不少比特幣都被判定為「永久遺失」——據分析公司Chainalysis、Glassnode 指出，這些比特幣約有370萬枚，再連同那些大家轉帳後留在錢包裡的零碎，可以肯定，最後能在市場上流通的數量必定少於2,100萬枚。

圖2.1 比特幣每次減半後，幣價均有上升

資料來源：TradingView

分散式記帳 避免一家獨大

此外，分散式記帳的機制排除了造假的可能性，同時亦避免了一家獨大、控制網絡的情況。在比特幣面世之初，參與這個記帳行為的人一定不多，亦是比特幣及其區塊最脆弱的階段，但卻因為其不起眼，令它能一直發展。到2017年，比特幣幣價突破一萬美元時，參與挖礦的電腦已是數以百萬計，其網絡系統之龐大，已不是任何一個國家、組織能撼動

的規模。而且，這設計賞罰分明，任何人只需下載程式即可參與記帳，無需批准，但假如有人嘗試造假帳、搞亂系統，他所提供的記帳資料亦會因未能與其他公開的數據吻合而不被計算。

所以，整個記帳行為都是以分散式帳本的記錄作為共識，換言之，參與的電腦愈多，系統就愈可信。更重要的是，它是真正的「去中心化」——沒有一個老闆在背後控制程式，只是靠一班熱心的技術開發者不斷維護源代碼（Source Code），每次源代碼有更新，礦工亦需要一同把軟件更新，才可維持整個比特幣網絡，所以，假如源代碼的升級會令礦工的利益受損，他們就不會更新程式，比特幣亦因此不能走下去；同樣，如果源代碼有漏洞，導致有人可以鑽空子從中獲取利益，大家對比特幣的信任也頓時消失，就不會再參與比特幣區塊鏈。因此，比特幣系統可以說是幾方面互相平衡之下的完美狀態。

去中心化系統與舊勢力對立

雖然比特幣有其宏大理念以及平衡機制，卻沒有為它帶來一帆風順的經歷，反而一直被污名化、打壓。這事看似荒謬，但其實很易理解，比特幣根本一出現就注定樹敵——要向現時兩大舊勢力宣戰，這兩者不止一手釀成金融海嘯，至今依然逍遙法外，甚至仍被人推崇備至的舊勢力宣戰。

其一是投資銀行家。他們製造了大堆難以理解的金融產品，再用一疊疊厚達數吋、以艱澀難懂的英文寫成的法律文件作包裝，然後出售。半信半疑的普羅大眾不會明白箇中玩法，不過基於對銀行的信任而買下，但到出事時卻求救無門，因為一層層的法律包裝之下，這些產品早已變成「合法」，而操縱這場合法騙局的人呢？就繼續站在法律的保護網下風流快活；第二個惡勢力是政府，以美國政府為首的政權推行量化寬鬆，挾救市之名「印銀紙」來填補經濟黑洞，結果導致資產爆升、樓價狂漲，今日我們在受的，就是他們當日種下的苦果。傳統金融體制與政府可謂狼狽為奸，但正正因為它們大而不倒，殺人卻不用償命。

「反脆弱」的非主權貨幣

但面世至今的十多年的磨難和挑戰，一路的打壓和批評不但沒有將比特幣消滅，反而令它變得更強大，成功成為一個具有「反脆弱」特質的非主權貨幣。也就是說：殺不死它的，卻使它更強大。

而作為一個新興資產，比特幣兌美元的波幅非常大，每天上落10%是平常的事，牛市的時候一周月內可以有翻倍的升幅，但熊市也能在幾日內下跌50%。這樣一種波幅大但長期看好的資產，實在不宜短線投資。所以，很多人問我應否買入比特幣時，我通常會反問他們：如果你買入之後大幅下跌三成，你會否後悔？假如會，那比特幣可能就不太適合閣下了。

在過去一年多，我在「財科暗戰」的YouTube頻道裡，經常提醒觀眾不要借錢投資比特幣，更加不要做槓桿，原因無他，在於我見過太多人一覺醒來輸爆了倉，曾經的風光變成負債纍纍。那麼，投資比特幣的最佳方法是甚麼？我認為是HODL（Hold On for your Dear Life），即是比長線持有更加堅定地終身持有的投資態度，這種性質有點像黃金或土

地；只要持有有限而又有用的資源，財富才能不夠斷增值。
如果你相信這個前提假設，那就買入比特幣然後長期存有，
市場自會為你帶來答案。

圖表 2.2 比特幣幣價 2021 年至 2022 年走勢

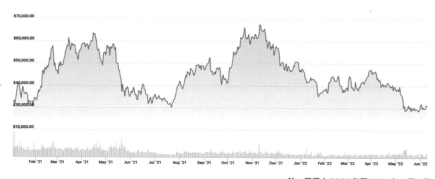

註：幣價由 2021 年至 2022 年 6 月 8 日
資料來源：CoinGecko

幣圈術語：HODL

即 HOLD，買入加密貨幣資產後長期持有。
最初來自 2013 年的 BitcoinTalk 論壇上，有
網民將標題 I AM HOLDING 寫錯成 I AM HODLING，誤打
誤撞成為潮語，此後 HODL 也變成了幣圈中的一種信仰。

區塊鏈 2.0
智能合約的無限可能

2.2

比特幣自面世以來，一直沒有一個較實際的應用。雖然曾經有咖啡店、花店等接受比特幣支付的零星例子，但使用率並不高，很多人也中途放棄了。平心而論，比特幣目前的特性並不適合作為流通貨幣，原因很簡單：誰捨得把長遠升值的資產賣出？因此只能說比特幣是個很好的儲值工具，不佔空間，方便攜帶，安全性高，不受政權更替的影響，只要記得密碼，資產永遠存在。

但當比特幣打開了數字資產這個維度之後，如何利用區塊鏈特性去建立更多的生活應用，就成為了過去十年科技界最流行的討論話題。

以太坊（Ethereum）就是在比特幣概念的基礎上增加智能合約的彈性，為加密貨幣提供了落地的應用，也開拓了無限的想像空間。換言之，投資以太幣（Ether，用於在以太坊網路

上進行交易的貨幣），實際上就是在投資一個願景——一個
區塊鏈的應用會普及的願景。

以太坊應用愈多 以太幣愈貴

以太坊將區塊鏈帶到2.0的世界。只要區塊鏈的項目建設在以
太坊之上，其礦工費（Gas Fee）則需用以太幣支付，而礦工
費的一部分將被系統收回並銷毀，因此，當以太坊的應用愈
活躍，回收銷毀的部分便愈多，而當銷毀的數量比新發行的
部分多的時候，即使以太幣基本設定是通脹資產，但它亦有
機會成為通縮資產。

如果你看好這個經濟循環概念，便應該直接投資以太幣。事
實上，區塊鏈應用普及的願景吸引到很多有技術背景的人
士，故他們大多持有以太幣，持倉量甚至會較比特幣更多，
此外，市場上更有很多聲音認為以太幣在未來的應用會更加
廣泛，因此其市值有望超越比特幣。

以太坊的應用不少，而且類型眾多，去中心化錢包
MetaMask、交易所Uniswap、以及盛極一時的虛擬貓咪培育

遊戲謎戀貓 CryptoKitties 等，都是建基於以太坊的去中心化應用程式（Dapps），甚至微軟數位轉型總監 Yorke Rhodes 也曾大膽預測，以太坊將成為新去中心化 App Store。而目前，以太坊最重要的應用有三大類：一是美元穩定幣，USDT 和 USDC 都是建基於以太坊區塊鏈上的應用，換言之，愈多人使用美元穩定幣，支付以太坊的礦工費就愈高（有關穩定幣的內容，將在第四章詳述）；二是去中心化金融 DeFi（相關內容會於 3.4、3.5 章詳細解釋），此類以「人人都可以成為自己銀行」的區塊鏈應用中，逾七成都是建基於以太坊之上；三是 NFT，而根據 https://ultrasound.money 的統計資料，目前消耗最多以太幣的應用是 NFT 交易平台 OpenSea。雖然 NFT 的購買量比起高峰時已經有明顯下跌，卻仍無阻其高踞榜首位置。

圖 2.3　以太幣價相對美元 2021 年至 2022 年走勢

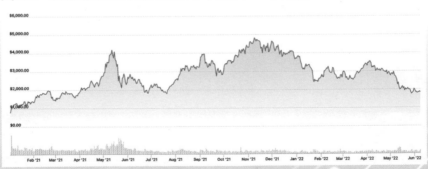

註：幣價由 2021 年至 2022 年 6 月 8 日
資料來源：CoinGecko

幣圈術語：智能合約

相比傳統交易需要中間人核實買賣雙方身分，驗證貨幣真偽，進行背景審查等，智能合約就是將合約條款記錄在區塊鏈上，當條件符合，合約就會自動執行。所以它的速度快、效率高，而且成本也低很多。

平均成本法
最佳長線投資策略

既然我建議各位讀者 HODL 比特幣和以太幣，怎樣才是最聰明的投資方法，相信得到的大部分答案會是：只要做足功課、細心研究，在低位買入具有潛力的幣，然後待它狂升十倍百倍，就可以財務自由、提早退休。本小利大，低買高賣，難道不是最聰明？但是在沒有受過市場真正考驗之前，我認為平均成本法（DCA, Dollar Cost Averaging）才是最長線及最聰明的投資方法。

幣價起落大　低買高賣有局限

廣東話有句俗語説得好：有早知冇乞兒。就在我剛接觸比特幣的時候，多少人都勸我不要碰這些騙人的玩意，更不用説那些一次又一次在媒體出現的「比特幣已死」報道（有一説是，十二年內已「死」了四百多次），多少都令人對比特幣心

生懷疑或害怕。但每次「死」後復生，又有人後悔怎麼沒在它「瀕死」時入手。換個角度，如果現在有人告訴你，比特幣還可以再升十倍，你又願意孤注一擲嗎？恐怕你亦會思考良久。因為，人總喜歡事後孔明，但當你要抉擇時，卻總會進退失據，怕下一個升浪沒你的份兒，又怕做出愚蠢的決定被人恥笑。結果進退兩難之際，就又迎來下一個「死訊」，循環不息。話雖如此，但加密貨幣是新興資產，仍然處於暴升暴跌的周期，讓人難以觸摸，整天看著幣價提心吊膽，來回折騰幾次，恐怕不是一般人可以承受得到。

FOMO恐懼致高買低賣

另一個令你與升幅擦身而過的原因是抗壓力不足。很多人都懂得最基本的投資道理——低買高賣，但實際操作起來，往往是相反的。即使在比特幣的牛市，亦時常出現一天下挫10%的情況，市場下跌的時候，更會充斥著一些負面聲音，因此你會一時恐懼，不敢入市，甚至會在低位把資產賣出，面對這些情況，假如沒有足夠的信念，往往會在這時候以低價賣出，事後後悔莫及。相反，幣價創新高的時候，卻因為

貪念而不捨得賣出，甚至會高追，害怕錯過牛市，更有可能會在最熱炒的時候，借錢以高槓桿的方式買入。這種現象叫做FOMO（Fear of Missing Out），用廣東話的一句來概括，就是「執輸行頭慘過敗家」。特別是在牛市的時候，媒體也是一面倒唱好，你看到的總是利好消息，譬如當比特幣價格達到60,000美元時，總會有人說40萬美元才是合理價格；甚至說過百萬美元的價位也是指日可待……當我們理性地回看比特幣的幾個高低起伏周期時，你會發現：高價買入的投資者有不少會因熬不過寒冬，在跌市時賣出，曾有業界分析鏈上數據後於區塊鏈資訊網站「區塊客」撰文，指在2022年熊市時，好些在 5 萬至 6 萬美元買入比特幣的短期持幣者，只有少數仍然持幣，代表多數在高位買進的投資人或已向市場投降。所以，無論是股市或幣市，有高度情商和自制力的人才能長遠獲利。

其實，令我們後悔的投資決定多的是。股神巴菲特有句名言：別人貪婪我恐懼，別人恐懼我貪婪。這是投資的大原則，但說來簡單，又有多少人能真正做得到？

定時定額買幣 拉勻買入價

既然我們不能確定自己的情商和自制力是否足以戰勝市場的無情起伏，那平均成本法就是最聰明、安全的做法。平均成本法的意思是定時定額量買入資產。例如你的本金為10萬美元，每天不論價格高低，買入價值1,000美元的比特幣，當比特幣價格低走的時候，你會相對買入較多的比特幣，相反，當比特幣價格高走的時候，你便會買入較少的比特幣，100天後你就會用盡你的本金，這個方法可把買入價拉勻。

平均成本法算是懶人投資法，最適合投資新手，因為不必理會甚麼甚麼技術分析和基本的分析，也不會有「錯過入市良機」的風險，其實大部分人都沒有時間和知識去消化海量的技術資訊和新聞，故一旦能將入貨變成一個每日執行的習慣，就可以避免自己因為情緒的波動而低賣高買，成為了大鱷的點心。但必須注意，目前來說，平均成本法只適用於比特幣及以太幣這兩款藍籌加密貨幣，其他二線加密貨幣或有很好的理念，卻未必能承受市場衝擊或科技發展帶來的影響，例如區塊鏈平台Terra的代幣LUNA，雖然曾是市值頭

十大的加密貨幣，幣價卻於2022年5月「一夜歸零」（詳見第四章4.2節「穩定幣不穩定？由UST事件說起」）；正因如此，這方法只能應用在比特幣與以太幣的投資之上。

現時大部分交易平台都有提供平均成本法服務，但部分只接受以美元穩定幣USDT或USDC買入，其理念依然不變，就是讓人以固定金額，在一段足夠長的時間內持續買入比特幣。

每日定價買幣 三年回報逾200%

我的好友高重建曾經做過一個實驗，計算若在2017年12月17日至到2020年12月24日平安夜期間，每日買入100美元的比特幣，結果是：

3年共買入14.85枚比特幣，平均每枚成本7,433美元，總回報率達212.6%！

你也可以自行測想試一下平均成本法的「魔力」，在 https://dcabtc.com/ 可找到簡易版比特幣平均成本計算機，你只需輸入數量、時間範圍、買入時間間隔，就能了解不同策略在

時段內的歷史表現。就比特幣而言,由於其幣價長期以來處
於持續上升的趨勢中,所以策略一直運行良好。

假如由 2017 年 5 月底起,係每星期都購入價值 10 美元的比
特幣,圖表 2.3 就是你之後 5 年的投資表現。且別輕看每周
10 美元這數字,到 2022 年 4 月,你的投資總額約 2,600 美
元,而你持有的比特幣將價值約 21,000 美元。

圖 2.4　比特幣 5 年平均成本法回報

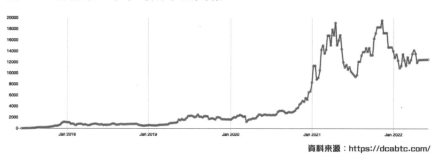

資料來源:https://dcabtc.com/

所以，拋開那些一朝致富的想法，低頭持續買入然後躺平——聽起來很懶，到頭來卻是最聰明。

當然，採用平均成本法之前，你需要問自己一個核心問題：你是否長遠看好比特幣這個資產？如果答案是肯定的，平均成本法便是一個低成本高效益、省時間省心力的好方法；但如果答案是否定，你其實只想趁著這個加密貨幣的浪潮去撈一筆，同時認為比特幣這個資產終歸會歸零，那麼平均成本法便不適合你了，因為這類新興資產總有可能會持續一段長時間的低潮，也就是所謂的「加密貨幣市場寒冬」，例如2018至2019年之間，整個幣市一片死寂，大部分人的信心崩潰，很多很有意思的區塊鏈項目都胎死腹中，假如只想賺快錢的你在當時入市，一定會後悔自己把資金鎖死在裡面，質問自己為何不去買股票或房地產。這些自我懷疑的情緒不但無助改變事實，甚至會影響工作和生活；早知如此，何必當初呢？

幣圈術語：FOMO

Fear of Missing Out，可理解成投資者「害怕錯過」的心理：當幣價上漲時害怕錯過賺錢行情就心急買進，但當幣價下跌時又害怕錯過逃生出口而匆匆賣掉。

幣圈術語：割韭菜

韭菜是一種生命力的植物，農夫拿刀切斷菜葉，過不久又會再重新長出。在加密資幣投資世界裡，就用來形容莊家、大戶大量拋售而令市場價格大跌，等到價格到達低點時重新建倉；而韭菜則在高位買入後被套牢，逼不得以在低位賣出後又再在高位買入，此循環操作就可稱為「割韭菜」。

2.4

從 4 項鏈上
數據預測幣價

無論任何投資都需要參考資金流向：當資金大量湧入某一資產時，價格便自然會上升，反之亦然，而供求的多寡則會影響價格，這是基本的經濟學常識。在傳統的股票市場，不論是資金大手入貨，又或是因為大戶走貨而影響價格，我們都要在事後才會知道，而監管機構也只要求大股東在買賣該股票後五日內申報，因此，當我們看到交易量發生異動的時候，價格已經產生變化，到時你才去跟風買賣就已經太遲了。

區塊鏈其中一個迷人之處，在於一切鏈上數據（On-Chain Data）都是公開透明，你不必擁有很多技術知識，只要通過一些小工具或者網站，就可以知道區塊鏈上的資金流向，提早洞悉走勢，作出部署。

加密貨幣總存量升 或成跌市訊號

第一個我關心的指標便是交易所內的加密貨幣總存量（Exchange Net Flow）。在股票市場裡，資金湧入就是升市的訊號，但在加密貨幣的領域裡，這種想法剛剛相反，當交易所內的加密貨幣存量增加，釋出的是跌市的訊號。以比特幣為例，如果交易所中的比特幣存量增加，即表示比特幣持有者想透過交易所賣出手上的持貨，反之，即表示投資者將交易所帳戶內的比特幣提走──有可能是轉移提至自己的冷錢包，亦有可能是參與其他的去中心化金融服務（DeFi）；簡單來說，就是資金離開交易所，暫時不會賣出。當市場供應減少了，價錢便有機會上升，這便成了預測未來幣價的重要指標。

如圖2.5所見，比特幣在交易所內的存量與其價錢成反向關係：交易所結餘愈低，價錢愈高。這個指標在2020年至2021年中尤其準確，很多人甚至乎會利用這個資金流向的訊號去做高槓桿的期貨而大幅獲利。

圖2.5　比特幣總存量與價格呈反向關係

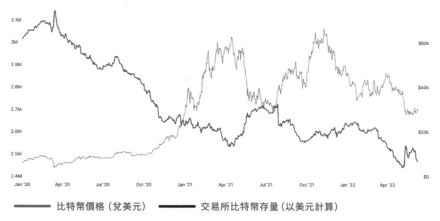

比特幣價格（兌美元）　　　交易所比特幣存量（以美元計算）

註：數據由2020年直至2022年5月
資料來源：glassnode.com

不過，當你以為市場愈趨成熟，資訊愈來愈透明時，大戶和衍生工具的玩家當然不會甘心成為散戶的提款機，所以，他們亦會反向利用鏈上數據作為煙幕去矇騙散戶投資者。例如鏈上數據看到交易所存量多了10,000個比特幣，按照上述說法，理論上是可以解讀為有人想賣出10,000個比特幣，但問題是：他們會在甚麼時候賣出呢？如果你看到存量變多而連忙沽出手上的幣，希望可以在大跌前沽出獲利，再計趁低價撈貨買入的話，就有可能上當了。因為大戶正正看準散戶這個心態，反而逆向操作：一邊往交易所存入比特幣，同時

又在市場買入，推高幣價，散戶見此狀況，容易進退失據，猶豫一番後可能就FOMO買入，此時，幣價已升，大戶便可以更高的價錢賣出之前存入的10,000個比特幣，這時候，你便成為了「韭菜」，在大戶灌溉的時候長高了一節，剛好可以被他們收割一把。

正因如此，我認為交易所總存量這個指標只可以作為中長期（即以月或年作單位的時間長度）的之參考，已經不可以用來炒短期波幅了。

恐懼與貪婪指數預測轉勢

恐慌與貪婪指數（Fear and Greed Index）是根據以下因素綜合出來的一個量化單位：

Volatility 25%

Market Momentum/volume 25%

Social media 15%

Dominance 10%

Trends 10%

Survey 15%

須知道，其實大部分散戶投資者都是不理性的：他們會在恐慌時賣出資產，又因為貪婪而在高位買入，完全違背了低買高賣的投資原則，但沒法子，這就是人性。恐慌及貪婪指數（Crypto Fear and Greed Index）就是把這種人性量化，可用作觀察市場的投資情緒，給投資者一個理性的參考，該指數的範圍是0至100，指數愈接近0，代表市場的投資氣氛就愈恐懼；愈接近100，即代表市場氣氛愈熾熱，投資者相當貪婪。

恐懼與貪婪指數是一個較適合用來預測季度走勢的指標。圖2.6顯示2018年至2022年6月初的指數走勢，就如2021年5月時，中國政府宣布全面禁止加密貨幣的交易及挖礦行為，比特幣應聲下跌至30,000美元的水平，當時的恐懼與貪婪指數曾跌至8這個低位，整個5月至6月指數維持在10至20這個水平（見圖2.6標註A），表示市場十分恐懼，投資者害怕比特幣的價格會再向下行，所以恐慌地賣出；但一幣兩

面，如果你能保持理性和冷靜，運用逆向思維在當時買入，
幾個月後你便獲取兩倍利潤。又例如同年11月，比特幣創新
高至68,000美元水平，貪婪與恐懼指數升至70或以上，表
示市場極度貪婪，當時亦有不少的新聞評論指出短期內可到
100,000美元甚至更高，這時候，若你能在眾人貪婪時沽貨
離場，就能夠避過12月的跌市。

圖2.6　貪婪與恐懼指數2018至2022年走勢

2021年11月初，比特
幣價逾6.7萬美元，指
數高見75。

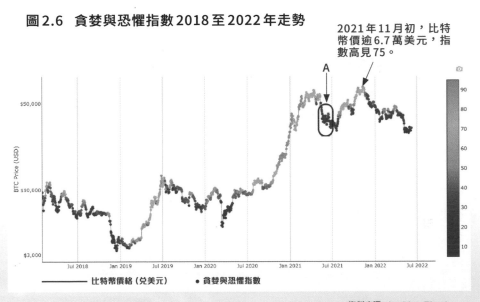

資料來源：LookIntoBitcoin

輿論一面倒 可視為買賣訊號

回望過去兩年，其實每當貪婪與恐懼指數低於10的時候，都是一個不錯的買入點，但這做法只適合長線投資，絕對不適合短炒。因為根據過去的數據顯示，投資者情緒極度恐慌的時候，幣價通常都會在低位徘徊一段比較長的時間，如果心臟不夠強大，信念不夠堅定，反而會在這些區間賣出，因此，恐懼與貪婪指數也是比較適合用於趨勢預測的。

除了參考指數，傳媒和「投資專家」的極端性評論可能更加「準確」。每次當我看到一面倒唱好的評論例如：「比特幣已經沒有阻力位，100,000見！」、「SOL一年升一百倍，你還在做甚麼？」、「某某靠炒幣已經退休環遊世界了」，我會特別警惕，當市場上充斥著這種想法的時候，前面迎來的多數是跌市。相反，當網上評論一片愁雲慘霧，例如：「各國聯手打壓比特幣，價格終將歸零」、「加密貨幣都是騙子的玩意」、「世界最大的泡沫即將爆破」，這些負面評論同時湧現的時候，亦是買入的訊號，這模式在過去幾年屢試不爽。這種日常觀察與貪婪與恐懼指數其實同出一轍，只是後者會比較適合要參考客觀數據、事事理性分析的人。

期權合約看後市波動

目前，比特幣的衍生產品已經超越現貨的交易量，這代表了槓桿的投機資金量十分巨大。雖然比特幣發展到今，大部分參與幣市投資的人都會相信其長遠的升值潛力，但經驗豐富的投機者卻喜歡在短期的波幅炒賣獲利。

當投資者A看好後市而投資者B看淡，他們就以期權對賭，形成一張合約，未平倉合約（Open Interest）的數量愈多，代表市場上的爭議愈大，有人看好有人看跌，市場的波動性也會比較大，隨之而來單邊爆升或暴跌的可能性也會較高，散戶持倉變成蟹貨，亦即我們常說的「割韭菜」。

就如2022年1月21日，比特幣價格單日內下跌近6.5%（見圖2.7A之附註）當時就有分析指出，該次跌市或與世界最大比特幣期權交易所Deribit執行價格為39,000美元的看跌期權有關；當日，市場上有價值約5.38億美元的比特幣期權合約到期，而且 Deribit 在看跌期權中擁有最高的持倉量；故推測大戶可能透過壓低幣價來在期權合約中獲利，類似情況每月都在上演，只是波動幅度不同而已。

圖2.7　比特幣期權未平倉合約走勢

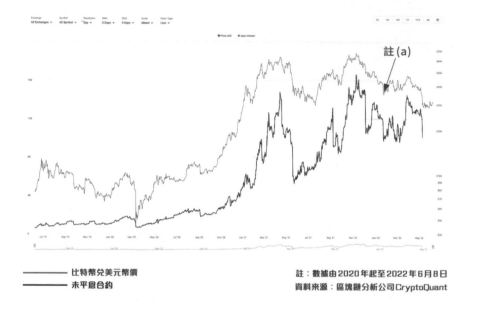

註 (a)

比特幣兌美元幣價
未平倉合約

註：數據由2020年起至2022年6月8日
資料來源：區塊鏈分析公司CryptoQuant

資金費率呈現好淡角力

資金費率（Funding rate）也是量度市場情緒的重要指標。
它是交易所為了平衡好淡雙方的力量和減低自己的風險而引
入的收費機制，只適用於交易所內的期貨永續合約，依據
永續合約市場和現貨的價格差異，每隔四或八小時（視乎不
同的交易所），交易平台便會自動結算出現有倉位的資金費

率，如果做多的合約比沽空的多，資金費率就會是正數，代表做多的投資者需要向沽空的支付費率，通常是0.01%以上，相反，如果沽空的合約較多，資金費率就會是負數，代表沽空的投資者需要向做多的付費。

當短時間內有大量資金做多，表示投資者期望幣價將於短期內上升，資金費率會突然上升，這種一面倒的情緒會形成超買，市場則很有可能會突然逆轉，反之亦然。

圖2.8中所見，2021年1月份比特幣的資金費率曾經接近0.16，之後幣價隨即回落，2月至5月份幣價高企的時候，資金費率亦處於高水平（見圖2.8A之附註），5月中隨著中國禁止加密貨幣交易的消息便向下回調。2022年1、2月資金費率多次出現負數，幣價後來卻見回暖。

圖2.8 比特幣資金費率與價格呈正相關

註(a)

註：數據由2020年起至2022年6月8日
資料來源：區塊鏈分析公司CryptoQuant

幣圈術語：ATH, ATL

All time high（歷史新高）和
All time low（歷史新低）。

監管
是個好東西

2.5

若問加密貨幣投資者最怕甚麼，大概「幣價大跌」、「丟失錢包」會是頗熱門的答案，但除了這些，有人認為「監管」才是終極惡夢，因為他們覺得比特幣由一開始都是打著反叛的旗號而生，所以，當掌權者向它大抽刃，大家會想當然地覺得隨比特幣而生的一眾加密貨幣就會被趕盡殺絕，假定各國政府開始監管，加密貨幣市場就會全面崩潰……

不過，美國參議院於 2021 年 8 月通過《基礎設施投資和就業法案》（*Infrastructure Investment and Jobs Act*）計劃對加密貨幣領域徵收 280 億美元稅，結果，當時的幣市不但沒有嚇得如鳥獸散，比特幣更重回 40,000 美元萬關口。事實證明，比特幣因為飽經磨練，有過時間和技術的考驗，不怕監管，而我的看法更簡單：監管其實是個好東西，不怕有監管，只怕不倫不類、方向全錯的監管。

假如我們以力度、方向作為標準，現時各國對比特幣的監管可分成三個層次。

政權難全面封殺比特幣流通

第一類層次是完全禁止，也是中國目前採取的方向。簡單來說，即由挖礦、交易所運作，到個人持有等一概禁絕，具體手段包括以法例勒令礦場、交易所等停止運作、趕出境外；將所有與比特幣交易相關的款項來往排拒於銀行與金融機構以外，令其變成非法交易。這類完全禁絕的原因在於國家的金融結構仍然脆弱，容不下干擾，因此，若容讓比特幣有效存在，按目前以美元穩定幣或美元作為主要購入媒介的情況，均代表著資金的流出；所以，為了保護這個成長中的金融系統，唯有下重手去全面禁止。

但事實是，此舉耗費的力氣大、時間長，長遠來說，依舊是徒勞無功——只要民眾以P2P（peer-to-peer）形式經網絡傳遞加密貨幣，一日不全面禁網，一日都不能禁絕交易，再者，假如他們用以物易物的模式，你給我商品，我私下給你

若干比特幣,整件事都不在傳統金融體系中發生,掌權者根本無從控制。就正如上世紀時,美國政府亦曾下令禁止民間私藏黃金和買賣酒精飲品,但最後亦敵不過市場的大洪流,被逼解除禁令;而隨著整個貨幣大勢都往加密貨幣走向,最有可能出現的折衷方法就是推出國家級主權穩定幣,再限制人只可透過此一受控制的幣種來買賣比特幣,從而達到掌握金錢流向、監控洗黑錢之效。簡單來説,即是接受比特幣的存在,但以一種外加的方法來監管流向它的資金。

順帶一提,目前中國官方力推數碼人民幣(DCEP),這與市場廣為人知的穩定幣 USDT 等不同,前者不是由第三方發行,而是由官方管理。

香港游走灰色地帶

第二個層次較為曖昧,有限度的讓比特幣合法、正規地存在,卻無針對這一資產的專屬法例,令金融機構仍可大條道理地將之拒諸門外。執筆之時,香港就是採取這一態度:一方面,證監會有明文規定,會發牌予交易平台合規操作,但

另一方面，卻無條例去監管有關交易，令銀行、金融機構可以隨時以「進行加密貨幣交易」為由去凍結或關閉帳戶，而執法機構、監管機構亦會往這些交易者貼上各式各樣的負面標籤，令人舉步維艱。與全面禁止相比，這一層次的監管看似留有灰色地帶，讓人在其中生存，但負面效果與全面禁絕無異，分別只在於當權者為自己留了一條小小的後路，在有利時候可以出來分一杯羹。

美國大額抽稅 有如承認加密貨幣

至於第三個層次的監管就是正面面對，針對加密貨幣交易大手抽稅，甚至連持有加密貨幣、NFT等亦要繳付一定稅款，實行「加密貨幣萬萬稅」，目前美國就是往這一方向走去。不少人聽到「稅」字就急不及待地連聲拒絕，但其實這一層次的監管才是最健康、最理性的做法；因為稅收法案的制訂，直接承認了加密貨幣乃是作為獨立資產的存在，任何人只要認為其增值空間大於所需繳交之稅款，就會選擇購入作為投資選項，而機構亦可合規合法地去持有相關資產，一切變得明朗化。

薩爾瓦多列比特幣為法幣尋新路

當然，尚有一種最進取的姿態來面對比特幣，就是如南美小國薩爾瓦多一樣，全面擁抱，成為全世界首個將比特幣認可為法幣的主權國家，也計劃在該國建立「比特幣城」及發行比特幣債券（不過在 2022 年 3 月以不利市場條件為由推遲債券發行計劃）。雖然我認為將比特幣變成法幣一途是長路漫漫的，不過這是很好的開始。

假如我們從環球局勢的角度出發，不難發現美國的世界霸主地位是透過貨幣、軍事來擴展，換言之，假如這些小國的經濟貿易繼續倚賴美元，就一直無法脫離附庸關係，所以，全面擁抱比特幣，相當於為自己開一條新路。現時好不容易有了非主權貨幣——比特幣出現，對無力發展自主貨幣而又不想被美元牽住鼻子走的國家來說，絕對是一個聰明的嘗試。不過，要脫離美元的控制，實行起來定必困難重重，因為美國和整個美元結算體系的金融機構，又豈會那麼容易放過這些小國呢？

正如當權者需要理性看待比特幣發展一樣，加密貨幣投資者同樣需要理性看待監管，而想令加密貨幣市場真正健康發展，就必然需要健康且合理的監管；世界的金融科技大勢不會因一時一地一人的做法所輕易改變，唯有採取一個對體系傷害最少的方法包容其存在，才有可能與之和平共存、共榮。

幣圈術語：FUD

即 Fear（害怕）、Uncertainty（不確定感）、Doubt（疑慮）的縮寫，通常指一些人有意發佈與加密貨幣相關的負面消息，令投資者因害怕而胡亂操作，幕後操縱者就可從中圖利。

2.6

絕不沾手
Meme Coin

2021年，由狗狗幣 Dogecoin（DOGE）和柴犬幣 Shiba Inu（SHIB）領軍，以狗為主題的迷因幣（Meme Coin）市場呈現指數式增長，人人都紛紛湧入市場買「狗」；於2020年8月上市的柴犬幣，更號稱是狗狗幣殺手（Dogecoin killer），在一年內升幅超過4,000倍，即如果你在上市時買入1萬元柴犬幣，一年後你已有4,000多萬元！雖然柴犬幣及其他Meme Coin 各有死忠粉絲，認為它們會再創新高，不過這些跟隨網絡潮流的熱門梗圖（meme）而製作的加密貨幣，價值甚低，我絕對不會買入。

要解釋為何我不會沾手 Meme Coin，或者要由狗狗幣的誕生說起。如前所述，Meme Coin 其實是承接了 meme 的玩法，由網絡熱話、趣聞而生，而作為最「成功」的 Meme Coin，狗狗幣的出現也是源於一個玩笑——2013年時，兩位創辦

人為諷刺當時的比特幣熱潮，就針對其有限發行但手續費高昂的特點，用上比特幣原始的區塊鏈結構，直接抄襲其源代碼，再配合微細改動，令狗狗幣變成一種能無限發行且生成速度極快的通脹貨幣。

本質上無助解決經濟問題

由此，它的原意只是一個玩笑，但因為這玩笑出現得早，而且愈來愈多人將其當成一回事，也就令這玩笑真的變成了一件事；而在被 Elon Musk 高調加持下，狗狗幣的幣價更是一飛衝天，一年內升約4000%，不少人跟風買入，只是狗狗幣不過是一個玩笑，縱使持有者眾多，它在本質上並無解決經濟上或加密學上的問題，不應認真看待。而事實亦證明，玩笑性質的東西很難「弄假成真」，且看 Elon Musk 再點名，狗狗幣的幣價亦無甚變動，就可知一二，而柴犬幣和其他以「狗」為號召的 Meme Coin，就是在狗狗幣熱潮下面世的玩意。

為了研究柴犬幣，我特意詳細閱讀了它的白皮書——Woof Paper，發現它的寫法與其他加密貨幣的有很大分別，它的英文用詞較為粗鄙、簡單，亦欠缺一些複雜的數學方程式等等，這份 Woof Paper 更像是創辦人給支持者的一封長信，但當看過它的白皮書之後，我必須要承認這個開發團隊和創辦人非常聰明。

開發團隊抓住人類心理

首先柴犬幣第一個聰明的地方，是它很懂得運用散戶心理。柴犬幣的發行量為 1,000 兆枚，而且定價極便宜，美元計是小數點後 8 個位，在比特幣一飛沖天的神話下，投資者可能會認為柴犬幣很便宜，更對幣價的升幅充滿遐想——即使柴犬幣價升了 1,000 倍、10,000 倍，都還未到一仙！此外，由於定價便宜，你可能會認為買入柴犬幣只是投資一小筆錢而已，心態上更覺無所謂，這類型的投資其實大有人在；而且相比購買「一整個」比特幣索價數萬美元，只需花 1 美元，就能坐擁數萬個柴犬幣，正正是這些心態，柴犬幣多年來吸納了無數散戶。我還記得在 2021 年初時，柴犬幣所有持有者

加起來僅10多萬個，直到年底高峰期就已號稱達100萬個持有者。

空投柴犬幣予V神 製名人效應

此外，柴犬幣擅長利用名人效應宣傳，它將一半已發行的柴犬幣，轉賬給以太坊創辦人「V神」Vitalik Buterin的冷錢包中。由於V神的錢包地址是公開的，所以任何人都可以向他發送代幣，轉賬紀錄也是公開透明，所以一直以來都有些加密貨幣創辦人會把自己創造的加密貨幣轉賬給V神，然後就會對外宣稱這個加密貨幣相當有實力，連V神也是我們的一分子，從而達到宣傳效應。

一般情況下，V神會很快撇清關係，將這個加密貨幣銷毀、放棄、捐出、送給他人等，總之是不再持有該加密貨幣，但是柴犬幣聰明的地方，是將之轉賬到V神的冷錢包，而非熱錢包，兩者有何不同呢？若轉賬到離線的冷錢包，一來收款人不能即時知道自己收到代幣，其次是收款人也難以即時想將柴犬幣處理掉。據說柴犬幣的創辦團隊在鋪天蓋地宣傳的

時候，「V神」正身處新加坡，冷錢包又不在身上，他需要拜託家人，將24個字的助記詞（Recovery Seed）讀給他聽，然後再重新設置新的冷錢包，才能把這些空投（Airdrop）給他的柴犬幣捐掉或直接銷毀，與柴犬幣撇清關係，這需時數天才處理好，但不要小看這數天時間，當時事件已引來市場關注，不少散戶因此對柴犬幣投下信心一票。

利用銷毀機制 推高價值

第三點是是柴犬幣團隊的動員能力非常強大。團隊利用網絡炒作，與支持者發起聯署，請求多間知名券商和交易所上架柴犬幣。在2021年9月17日，柴犬幣在美國最大加密貨幣交易所Coinbase上市，消息一公布，柴犬幣幣價立即直線上衝。之後，創辦人再發起聯署，要求美國券商RobinHood將柴犬幣上架，連署人數超過50萬。在2022年4月12日，柴犬幣和其他3種加密貨幣正式登陸RobinHood，柴犬幣當日價格立即升35%。當規模大和著名的平台都上市這類Meme Coin，會令小型投資者更覺柴犬幣安全。

另外，柴犬幣的開發團隊，會利用柴犬幣的銷毀機制，去維持甚至推高幣價，大家都知道一件貨品的價格，是由市場供應和需求去釐定，假設柴犬幣的需求不變，只要供應減少，價格便會上升，團隊曾透過銷毀 8.7 億枚柴犬幣推高價格。事實上，直至 2021 年 9 月，即柴犬幣上市 1 年時間內，柴犬幣的供應已經銷毀了 41%。

雖然柴犬幣有聰明的創辦人和開發團隊，幣價也上升不少，但我是絕對不會買柴犬幣。

僅屬以太坊代幣 欠技術特色

第一個原因是柴犬幣沒有技術上的特色，它只是一個 ERC20 的代幣，意思是它是完全建基於以太坊區塊鏈上的代幣，沒有自家獨立的區塊鏈，正如以太幣是以太坊的原生加密貨幣，柴犬幣沒有自己的主權性。當然因為資金多了，幣價上升，柴犬幣立即把握機會，宣布會發展更多應用項目，包括炙手可熱的 NFT——聲稱會使用動物圖案，推出不同系列的 NFT；另有一些去中心化交易所已支持柴犬幣的去中心化金

融（DeFi）項目；團隊又聲稱會推出穩定幣，甚至是建基於 Shiba Inu 的支付系統等。

雖然資金多了，的確可以推動很多項目。但當加密貨幣欠缺自身特色的時候，其實它跟其他支付系統、穩定幣、DeFi 又有甚麼不同呢？甚至當柴犬幣遇到巨大衝擊，如區塊鏈 Terra 一樣被惡意資金狙擊、幣價被舞高弄低時，而它卻缺乏主權、缺乏自我控制的能力的時候，或會令柴犬幣被「屠殺」，散戶蒙受損失。

安全評級低 缺乏透明度

第二點是柴犬幣的安全隱憂，也是最大的問題。根據 DeFi 透明度和項目評級平台 DeFi Safety 這個平台的報告指出，柴犬幣的安全評級幾乎是屬於最低的級別，只有 30 多分，主要認為它缺乏透明度，一般人不知道柴犬幣的架構包含甚麼，而大家知道區塊鏈的最重要的是甚麼？就是所有東西都有跡可尋，而且富有透明度，缺乏透明度的項目宜多提防。

最後一點，就是柴犬幣在 DeFi 的權限太大，意思是開發者能做的事十分多，最瘋狂的情況，甚至是可以轉走或銷毀所有幣，如果真的發生這些事，投資者便會血本無歸，大家務必要注意。

須知道，所謂的 Meme Coin 都是玩票性質，創辦人開發以後會否有甚麼發展，像柴犬幣這般勇進的，實為孤例。然而，柴犬幣作為 Meme Coin 卻涉足 DeFi，又不如其他參與其中的幣種一樣，有詳細資料來解釋其經濟內循環、業務發展方向，這才是我認為它危險的地方。而在 2022 年 5 月 31 日，柴犬幣創辦人更將曾經發佈過的文章刪除卻不作任何公告，葫蘆裡賣的是甚麼藥，沒有人知道，唯有謹慎看待。

玩票性質持有無妨 勿當投資工具

個人而言，我不介意亦不反對人持有 Meme Coin，亦相信任何有參與加密貨幣投資的人，或多或少有其方法去免費得到這些 Meme Coin 的空投，不必動用自己的資產去買入——就算真有此事，也可能是十元八塊已可購入相當大數量的

Meme Coin，當作禮物般贈送。而假如你有意忽視這些
Meme Coin 的零作用，將之看成是有紀念價值的東西，自
我感覺良好，那它們倒尚有些剩餘價值，但假如你執意要將
之當成是投資工具，那就要有損失慘重的心理準備。此外，
在參與 Meme Coin 時，更要留意它作為網絡潮流所能牽動
高漲情緒。記得在 2021 年，我曾於狗狗幣、柴犬幣熱潮正
盛時，在「財科暗戰」頻道解釋這類 Meme coin 為何是毫無
實際價值，呼籲大家小心時，就曾遭受批評，被留言者指責
我無知，更曰「Doge is the future」。但事實證明，由我當
時呼籲至今，兩隻「狗」幣價已下跌九成，留言者當初被幣
價牽動的高漲情緒，相信亦已煙消雲散。

圖 2.9 Meme Coin 幣價雖會有驚人升幅，但往往無以為繼。

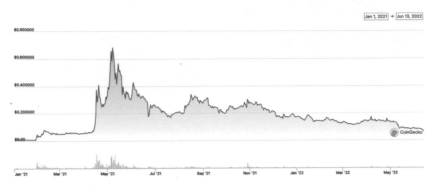

狗狗幣（DOGE）

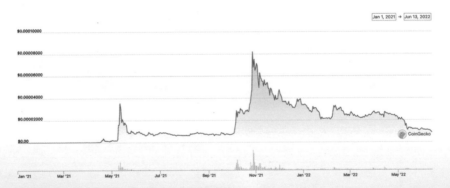

柴犬幣（SHIB）

註：幣價由2021年至2022年5月

資料來源：CoinGecko

2.7 一幣一社群
比特幣成連繫橋樑

上文談到以網絡熱話為基礎的 Meme Coin 不能沾手，但發幣一事已是潮流。隨著區塊鏈的發展和普及，不少人或組織都應用智能合約和區塊鏈特質去發行新幣、建構幣社群，這些新幣的誕生，都希望解決一個社會或經濟問題。這已是區塊鏈科技的趨勢。

本地置 LikeCoin 為去中心出版奠基

例如由香港人高重建於 2018 年發起的加密貨幣項目 LikeCoin 就試圖解決去中心出版問題。簡單來説，即是讓人人都可以用區塊鏈的特性來做內容出版；創作者既可賺取 LikeCoin 作報酬，亦能透過 LikeCoin 將創作內容上傳至區塊鏈永久保存。這裏所指的「上傳」，一是指文章和相片本身的內容，但在數碼領域裏，要「上傳」的還包括作者

資料、日期、檔案大小等圍繞內容這框架所衍生的元資料
（Metadata），在互聯網世界，這些元資料的價值不亞於內
容本身，而一旦缺少，更難以作搜索、資料整合和進行有意
義的數據分析。這一結構下，LikeCoin 區塊鏈就是用來儲
存元資料的區塊鏈，再與 Arweave 區塊鏈合作，保存內容。

Arweave 永存網絡資料

Arweave 所肩負的則是永久保存人類歷史的使命。目前，
上載至互聯網的內容大致可分為商業和個人兩種，前者因牽
涉到金錢，一般都較被看重，故會倚賴大型服務供應商如
Amazon、Microsoft 等提供穩定且高速的寄存服務。反之，
一些如歷史檔案、組織紀錄等資料需要永存網絡，應用頻率
卻不高，大家未必願意為其購置寄存服務。Arweave 正好能
滿足這一需求，用戶只需支付一次 AR（Arweave 代幣）作
礦工費，就可將資料上傳至區塊鏈上永久儲存。隨著互聯網
的廣泛應用、文件數碼化的普及，這種永存資料的需求只會
愈來愈大；而假如有人想用中心化的手法來刪改歷史、將記
載事件的紀錄抹走，去中心化儲存方案的出現則可將不同版
本的歷史永久保存，讓人自行判斷取信與否。

Helium 實踐網絡普及

Helium 區塊鏈則可理解為去中心化 WiFi。目前，網絡覆蓋倚靠的是熱點（Hotspot）的分佈，但要設置熱點，背後牽涉龐大成本和人力，因此，世界上不少人仍被隔絕在互聯網之外。Helium 為一分散式熱點網絡，用戶只需利用 Helium 網絡中的熱點礦機（可理解為路由器），即可將自己的網絡分享出去，而使用者則需以代幣 HNT 支付網絡流量之費用。做法簡單卻解決了困擾很多人的問題，目前，Helium 已有近一百萬個熱點。

建構貨幣新國度

以上三個例子印證了「一幣一社群」的理念，而類似的應用，比比皆是。其共通點都以自己開發的區塊鏈和發行的代幣作為社群基礎，讓供應商、使用者根據其鏈上協議達成共識，進行商業活動。雖說當下面世的幣種和其背後的解決方案未必會成為最終贏家，但區塊鏈的低門檻讓大家帶著良好的想法參與其中，再由消費者和社群自行選擇，體現自由市場

的原則，而百花齊放、良性競爭的景象亦是區塊鏈社會正面發展的表現。然而，它們都不是可用法幣直接購買的商業應用，甚至與法定貨幣社會有若干程度對立，因為當中所展現的去中心思想是一種個人對自由自主的體現，與法幣的中心化思想相佐。

任何人若想應用這些區塊鏈所提供的服務，先要擁有其代幣，在上述三個例子中，分別可透過提供內容、分享硬碟空間作為提供儲存節點、分享網絡等來賺取，而賺得之代幣又可作支付。有賺取、有消耗，形成一個完整的經濟內循環體系。

當然，你可以用法幣去購買這些代幣，但就算如此，也得透過交易所或去中心化交易所，以美元穩定幣入場。不過在密碼世界中，用比特幣作消費才是大趨勢，一來是因為比特幣能兌換成不同幣種，方便快捷，二來是與法幣消費相比，比特幣對私隱、自主都更有保障。而當比特幣逐步成為消費、儲蓄的最終媒介，它必能發展成人們進入加密貨幣世界的橋樑，也會成為這維度裏的最終穩定幣。

幣圈術語：Altcoin

即 Bitcoin alternative，中 文 會 譯
作「替代幣」或「山寨幣」，即除比
特幣以外的其他任何加密貨幣。

幣圈術語：Meme coin

迷因幣，顧名思義，乃是源於互聯網的
迷因文化；這些幣的出現多數只是貪
玩，且價格波動相對較大。而眾多迷因
幣當中，尤以被 Elon Musk 多次點名而
爆升的狗狗幣（DOGE）最為人所識。

在區塊鏈躺賺
留意風險小注為上

區塊鏈 3.0
打破次元壁建大社區

上一章先後介紹過區塊鏈1.0及2.0，其實區塊鏈已悄悄步入第三代，其技術核心在於不同鏈之間的數據互通（Interoperability）。區塊鏈3.0的表表者要數Cosmos，可說是一個生態系統，當中的第一個區塊鏈、亦是最成功的社群應該算是Cosmos Hub，它不止是一條區塊鏈，更可以讓開發者建構屬於自己的區塊鏈，發行自己的原生幣。

至於Cosmos的原生幣即是ATOM，假如你在一年前買入ATOM，然後只是單純持有，那麼你能享受的升幅其實不算大，雖然步入2020年熊市後，ATOM的價錢更承受頗大壓力，但ATOM的社群非常活躍，屬於區塊鏈前線投資者或用戶，炒家相對較少，HODLER較多，因此，在Cosmos系統內新建立的區塊鏈都很樂意，亦很大方地把他們新建立的代幣空投給Cosmos的質押戶，希望能藉此擴大用戶基礎並得到宣傳效果。

資產配置不同鏈 睡覺也能賺錢

相信對很多人來説，夢寐以求的退休生活就是靠投資得來的被動收入就可以過著舒適的生活，即是「睡覺時也有人為你賺錢」。在區塊鏈發展得愈來愈蓬勃之時，區塊鏈3.0的投資玩法也愈來愈多。本章節所講述的操作技巧如質押代幣（Staking）、領取空投（Airdrop）、流動性挖礦（Yield Farming）等，在過去的一年曾為我帶來了超過50%回報的被動收入，不明箇中道理的人會覺得很無聊，但當你明白到這其實是經濟學的精妙運用，我敢肯定，你會愛上區塊鏈，也可能很快能達到躺著賺的境界。

投資第三代區塊鏈的策略在於將資產配置到不同的鏈上以收取質押回報，並領取各種空投，而領取空投之後又有三種選擇：繼續質押給該區塊鏈的驗證人來持續收取回報；參與流動性挖礦來賺取平台幣；立即轉為平台幣或穩定幣。

幣圈術語：數據互通

區塊鏈3.0是一個區塊鏈社區生態，開發者可以在社區建立自己的區塊鏈及發行自己的原生加密貨幣。在區塊鏈社區內，不同區塊鏈之間能夠互動，也可以做到跨鏈交易，不同鏈之間的數據是互通（Interoperability）的，所以又被稱為 Internet of Blockchains（區塊鏈的互聯網）。

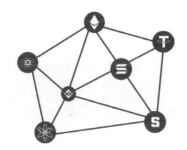

3.2

質押
不等同存款收息

隨著第三代區塊鏈在 2021 年開始逐漸成型和發展，質押代幣（Staking）賺取收益這種保本型投資方法變得相當流行。事實上，保本型投資不是甚麼新鮮事，因為現實世界內，幾乎每家銀行都有提供，但一般銀行提供予客戶的保本型投資產品，回報大約只有 2% 至 5%，這令大家產生一種錯覺：一聽到保本型投資法，自動便會將與「低收益」劃上等號。但在區塊鏈領域，Staking 的回報卻十分可觀。

不過要明白 Staking，我們必須先弄清楚甚麼是共識機制。

PoW 一分耕耘一分收穫

所謂「一分耕耘一分收穫」、我工作所以我有酬勞，但其實這些我們從小被灌輸的人生道理，某程度上也適用於區塊鏈世界。第一代區塊鏈比特幣正正就是基於 PoW（Proof of

Work）工作量證明這種共識機制，將新產出的比特幣分配予礦工。

比特幣是一本分散式的賬本，背後沒有一個中央機構去統籌工作，比特幣礦工需要以電腦的計算能力去解決一道複雜的數學難題，而第一個搶答成功的就獲得打包區塊的權利，代表他可以獲得新產出的比特幣作為獎勵；為了競逐這個獎勵，礦工會不斷把電腦硬件升級以提升計算能力，因此，工作量證明就是電腦算力的比賽。原理上，這應該是一場開放式比賽，任何人只要擁有電腦並參加這道數學難題的計算，就有機會獲得獎金（比特幣），公平公開公正，但理想背後，同時也帶來了好些難以解決的問題：

1. 入場門檻高

比特幣誕生初年並沒有「礦場」這概念，因為只要隨便一台家庭電腦都可以參與挖礦，根本不需要大規模去「挖礦」；但人性是貪婪的，當大家看到這種數字黃金的升值潛力時，資金便會乘勢而起，一窩蜂湧進去購買電腦硬件，建立大型礦場，務求以宏大的規模來挖得最多的成果。這種操作導致普

通人根本無法參與，又或是説，即使參與了分佈式的記帳，也不可能獲得任何比特幣獎勵。

2. 容易造成中心化壟斷

礦工為搶得比特幣獎勵，除了會不斷升級自己的硬件外，還會與其他礦工聯手組成一個更大的礦池，務求以更高的算力搏取更大的回報，肥水不流別人田；但這卻會造成算力過度集中於某一些財雄勢大的礦池，違反了原本分散式運算的結構。

2021年5月之前，中國大陸某些地區因為電費特別便宜而吸引了礦工的目光。就以雲貴川高原為例，當地水力發電站數目相當多，吸引了一眾投資者斥資建立比特幣礦場，就地消耗剩餘的電力來挖礦，大賺一筆。正因為回報非常吸引，令中國單單一個國家就擁有了全球比特幣超過50%的算力，當時，不少人都指出問題，認為這對比特幣發展是個很大的隱憂，因為假如情況一直持續，中國就會以超高的算力而壟斷了比特幣的話語權。而事件的發展相信大家都有印象：中國政府大力打壓比特幣挖礦，大部分礦場要麼關閉，要麼搬往

其他可以讓它們正規地生存下去的國家，亦因為這樣，比特幣的算力才得以分散。

3. 環保問題

不環保、過分消耗電力一直都是比特幣為人所詬病的問題之一。有說比特幣消耗的電力已經超越某一些國家的耗電總和，更有人指出，每一筆比特幣交易所消耗的電力相當於美國一個普通家庭六星期的用電量！而2021年時，Tesla曾接受客戶以比特幣作為支付工具，但後來，Elon Musk以比特幣的耗電不環保為由而叫停此安排，該則消息甚至一度令比特幣價格大幅下跌。

以上這些問題，PoW這套機制顯然不能輕易解決，這時候，PoS（Proof of Stake）權益證明共識機制正好能提供一個不一樣的出路。

PoS 依代幣持有量取代算力

「我有錢所以我有話語權;我在社區的投資大,所以我的聲音應該更被重視」。這道理大家同樣不陌生,因為它是資本社會普遍的共識。

PoS 是通過質押資產給驗證人(Validator)去取得區塊鏈的投票權和質押回報。PoW 共識機制下開採節點的稱為礦工,PoS 共識機制下開採節點的則稱為驗證者,依代幣持有量來取代 PoW 機制下的運算力;而在機構下,會依照幣齡(Coin Days)以隨機的方式,選擇下一個區塊的驗證節點。簡單來說,就是持幣愈多、時間愈長,就愈有機會成為節點,在成功打包一個新區塊後獲取若干數目的幣作獎勵,驗證人則會抽取部分獎金作為手續費。因此,這其實也是一種挖礦模式,只是這一次你提供的不是算力,而是質押的幣,故不少人將之理解為「持幣挖礦」。由此,驗證人的身分與銀行相似:散戶把資金存給銀行做定期存款,承諾一段時間內不會提取,因此銀行會給你利息作為獎勵,不同的是,驗證人不能像銀行一樣,將你的質押資金去作其他投資活動。同時,

質押資金越大，整體區塊鏈的安全性也就愈高，因為假如一條鏈規模較小，節點質押的資金較少的話，攻擊者針對節點作惡和攻擊的成本也會相應降低，令網絡安全度大打折扣。

與 PoW 相比，PoS 這套共識機制有很多改進：

◎ 耗電量低，因為驗證人不需要高效的運算能力去解決複雜的數學難題；

◎ 降低了參與門檻，驗證人只需要有一台穩定的電腦便可以參與分散式的記帳，符合區塊鏈去中心化的大原則；

◎ 代幣持有人可以通過質押代幣參與區塊鏈的社區活動，包括遞交提案和投票，真正營造一個社群。

目前，Cosmos Hub 算是擁有最多 PoS 共識機制的區塊鏈，每條區塊鏈都有自己不同的運算和記帳模式，通脹率（或稱回報率）亦有所不同，但普遍均在 10% 以上。

富者愈富 貧者愈貧？

不過，要留意，當愈多人把資產質押予驗證人，各人所分配到的獎勵亦會相應減少。舉個例說，Osmosis（Cosmos上的去中心化交易所）的原生代幣OSMO 的通脹率為100%，而所有OSMO的持有人都將代幣質押，回報則是100%，但如果只有一半數目的OSMO被用以質押，沒有被質押的OSMO持有人當然不會獲回報，但有將代幣質押的人就可獲得200%的回報。因此，在PoS共識機制下的區塊鏈投資者愈早入場，質押回報率愈高，而後來加入的質押者代卻會因為整體質押數量已有所增加，其獲得分配的獎勵比例亦自然比早期投資者少。

2021年7月時，我曾經在「財科暗戰」頻道介紹OSMO，當時幣價只有兩美元，而回報則超過175%，半年之後，OSMO多人認識了，質押數量有所增加，回報率亦因而降低至80%，但幣價卻曾創新高至$11。半年增長超過五倍，若加上100%的質押回報，這樣下來，半年的總回報率可達十倍；即使2020年5月，算法穩定幣UST脫鈎引致熊市，

OSMO的幣價亦受市場影響而大幅回落至$1左右,但若然計算其100%的質押回報,早期入市的投資者賬面依然為正數。

當然,PoS的權益證明公式也不是沒有缺點,尤其是被質疑會進一步造成「富者愈富,貧者愈貧」的局面:有錢人可以不斷買入代幣成為大戶,左右投票決定,因為這機制採取的不是「一人一票」的模式,而是按照持有代幣的比例去投票,假如有錢人擁有某區塊鏈的10%代幣,他就可以控制了10%的投票權,成為影響結果的一大關鍵。當然,區塊鏈上所有的操作都是公開透明,任何人都可以看到區塊鏈地址的交易狀況,大戶當然可以操控,但同時亦會引起投資者的警惕,甚至採取其他行動。

有得有失、有利有弊,世界上沒有一個完美的機制可以保障所有人的權利,但一套公開透明的制度和經濟平衡法則,參與者和投資者都比以往掌有更大的自主度,可以共同守護他們的社區。

質押貨幣後 仍可享空投等福利

此外，有人會將現實世界中的「存款收息」概念套用來理解PoS，但其實兩者完全不同：存放於銀行的資金，表面上屬於你，但其實銀行可將之用作其他用途，如投資、放貸等，萬一銀行擠提時，你的存款也會受到影響；此外，假如銀行認為你的資金來歷不明，可以隨時凍結或取消帳戶。但在PoS中，你只是將幣委託（Delegate）予驗證人，但基於Your Key is Your Coin的大原則，幣依然屬於你，就算驗證人不再運作或機件故障，都不會有任何影響，你大可隨時將幣取出或再委託予其他一個驗證人。換言之，PoS機制下，你的資產其實更有保障。

同樣是出於Your Key is Your Coin的原則，將幣質押與將幣放在交易所亦是兩個完全不同的概念：放在交易所中的幣其實屬於交易所，你無權享受任何持幣的福利；相反，就算將幣質押，它依然屬於你，也可以享受連空投在內的不同福利。

五大質押心法

1. 只質押長期看好的幣

質押代幣在區塊鏈的領域屬於「長線」投資。假如你只將幣質押幾天，那麼，就算有100%的年回報，其實意義也不大，而且解除質押需時——至少需要等待3天，Cosmo生態內的區塊鏈則最少需要21天。若你因為幣價上升了而想將幣解除質押，希望放售圖利，也要記住：幣市波動不定，到成功解除質押的時候，幣價可能已經下跌了。

假設你將幣質押了一年，總回報50%，但該加密貨幣的價錢下降超過30%，從美元本位的角度來看，其實是得不償失。正因如此，我只會質押一些我長期看好的加密貨幣，例如ATOM。所以在進行質押前，請認真問問自己：是否打算持有該貨幣一年或以上？若然答案是否定，那這種投資方法可能並不適合你。

2. 先了解加幣密流通模式

第一章提到，有限發行量的比特幣是通縮型資產，而無限發行、但有銷毀機制的以太幣基本設定是通脹型資產。但市面上更多的加密貨幣既無發行上限，也沒有銷毀機制，通脹率亦甚高，投資者不明就裡，單看回報率就決定質押，結果很可能會因為幣價不斷下跌而得不償失。其實，這類代幣的設計並不是供人作儲值之用，而是讓人在平台上消費或者支付礦工費，這樣的話，若然幣價太高，反而會窒礙了流通，所以，質押回報其實只是反映通脹率，當然，也有部分是用來補償那些沒有把代幣花掉而質押給驗證人以保障網絡安全的持幣者。

不少平台幣（包括去中心化交易所Osmosis原生代幣OSMO）都屬於高通脹代幣，當然，我不是指高通脹就代表幣價一定會貶值，但決定應否購買和質押來賺取回報前，我們必須要了解該幣的經濟內循環，而不是因為「高回報」三字就衝動行事。

3. 善用回報再投資

質押所得的回報並非法定貨幣，因此，收到回報後你可以有
三個選擇：

1. 鎖定回報，兌換成法定貨幣

2. 將回報再次質押（Restake），以利息賺取利息

3. 將回報兌換其他有升值潛力的加密貨幣

以上三個選項並沒有對錯之分，只視乎你的投資策略。個人
而言，我雖然有質押OSMO，但考慮到它為通脹貨幣，長期
幣價未必有承托，2022年的幣價市大起大跌，最高為$11，
最低時曾跌至$1，因此我會把質押得來的回報轉為其他長遠
有升值潛力的通縮貨幣，即比特幣（BTC）。

4. Not Your Key, Not Your Coin

目前，不少中心化交易所都有提供質押服務，這對於本來是
該平台用戶的人來説，可謂十分方便，因為他們隨時可以把
閒置的代幣質押給交易所，若果願意長期鎖倉，回報率甚至
會比質押給去中心化平台的回報來得更高。

雖然這種交易所提供的質押服務十方方便，但卻違背了加密貨幣去中心化的原則，一來你需要承受交易所可能出現的營運風險，更重要的是，你將無法獲得質押的空投獎勵。（有關空投獎勵，請參閱第3.3章）

在加密貨幣的世界裡，你必須擁有私鑰才算是真正擁有該貨幣；嚴格來説，交易所上的資產並不是你的，至於交易所會否私吞你的空投獎勵？就只有他們才知道了。正正因為 Not your key, not your coin，大家在中心化交易所買幣後，緊記要將幣提到自己錢包，才是真正擁有這些加密貨幣。

5. 小心揀選驗證人

除了質押的幣種，亦要慎選驗證人。有人會因驗證人的佣金（Commission）低而下決定，但佣金數額可被隨時改動而不必通知，故不應以此作考慮標準。此外，若驗證人的節點運作不穩定，死機次數太多，會被社群懲罰而沒收質押獎勵，最極端時甚至會註銷代幣，令你的收入受影響。除了收入多少，驗證人亦牽涉到你在社群的投票權。在區塊鏈社群中，一旦你沒有參與投票，驗證人會被默認成你的代理人，行使

本來屬於你的投票權。因此，若你自覺不是活躍參與社群的話，建議先查閱驗證人官方網站，或到不同社交平台觀察用戶對其評價，掌握驗證人背景後再作決定，以減少因與驗證人投票取向不同而衍生的矛盾。

幣圈術語：Mint

即「鑄造」，指在區塊鏈上生成加密貨幣或NFT。

幣圈術語：Burn

Mint的相反，「銷毀」指以區塊鏈技術將加密貨幣或NFT的相關記錄清除。

3.3 領取空投 要選對幣種

我小時候的第一份暑期工是派傳單。當時，老闆要求我將傳單盡量派給一些外表看來比較有錢的人，原因很簡單，因為那些是房地產的宣傳廣告，而有錢人就是目標客戶。

「怎樣才知道他是有錢人？」

「稍為成熟一點、穿西裝的人⋯⋯」

對於 14 歲的我來說，那絕對不是一項簡單的差事，一來當時穿西裝的人不多，而老闆給的建議也令我困惑：我會想，女人也可以是有錢人吧，但女人會穿西裝嗎？也會有不穿西裝的有錢人吧？現在回想，其實我只要在下班時份，站在尖沙咀或中環一帶派傳單，應可輕鬆完成任務。

後來的演變相信大家都知道：派傳單這種推廣手法變得普及，商家為了吸引路人，就將本來只列有資訊的傳單變成優

惠券。雖然派發的內容變得吸引，但這做法的成效依然相當
有限，一來因為老闆要聘請人手來派，成本不低，二來是老
闆根本不可能有效監察：派優惠券的人為了盡快完成差事，
見人就派，人們隨手接過後就極速將之丟棄。既然如此，但
老闆總不可能又另派專人去監督派優惠券的員工吧！

區塊鏈空投 對準目標客戶

不過，假如有一個方法可以精準辨認出針對的客戶群，相信
商戶會願意投放更多資源，甚至派出更多、更吸引的優惠。
社交媒體出現後，好些商家以為它是幫助自己對準目標客戶
的工具，事關這些社交平台為收集個人數據、用戶習慣、消
費行為，無所不用其極，甚至會利用AI大數據等科技來協
助商戶找出其針對的客戶群，平心而論，這確是個高效的方
法，但站在商家立場，你不過是把省下來的人力、時間和印
刷費等變成了社交平台的廣告費。

區塊鏈的特質正好完美解決了以上的問題。區塊鏈的開發團
隊甚少在社交媒體下廣告，傳統的大型廣告板、電視和收音

機等廣告更是少之又少，因為與短期的宣傳相比，他們多數更著重長遠的社群建設，所以會將市場推廣的人力集中在經營自己的 Twitter、Telegram 或者 Discord 帳戶。

ATOM 及 OSMO 易吸引空投

雖然重心放在社群建設，但我們都得承認，最有效的優惠券當然是直接派錢，而在區塊鏈派錢的最佳方法便是空投（AirDrop）。所謂空投，即項目方把新發行的代幣精準地投放給一些已經活躍的區塊鏈社群，第三代區塊鏈 Cosmos Hub 裡，就有幾條區塊鏈非常符合這個條件，包括：

1. Cosmos 生態系統內的原生代幣——ATOM

2. 去中心化交易所 Osmosis 的平台幣——OSMO

3. 去中心化穩定幣 UST 的治理代幣——LUNA（2022 年 5 月執筆之際，因 UST 與美元脫鈎，已導致 LUNA 價值接近歸零）

這三大區塊鏈是目前吸引到最多空投的三大社群，原因在於這些加密貨幣的持有人通常都是早期投資者，而錢包相對分

散，沒有大戶操控的現象，同時，發展團隊成熟，社群交流活躍，加上他們將幣作質押的比例亦比較高，以上這些，都能成功吸引新發展的區塊鏈項目，令他們願意大方送禮。情況就有如你新建立了一個時裝品牌，你亦樂於將優惠券或小禮品送予知名時裝品牌的VIP客戶，一來是可以與大品牌攀關係，令人對你的品牌建立正面感覺；再者，高端消費者試用後再掏腰包光顧你的機會亦相對較高。以上兩點，其實就是空投的原理。

項目方通常會根據以下的條件去釐定空投的數量：

質押數量

質押時間

活躍程度，例如有沒有參與過社群投票使用量

分階段派代幣留住忠粉

在項目方的角度，當然希望接收自己空投的對象是對區塊鏈有信仰的長期持有人而不是投機者，更理想的局面，就是他們在接下空投後可以繼續質押，長期持有代幣並參與社區發展，建立一個長遠的生態。因此，很多空投項目都會分階段

派發代幣，例如每個月派發20%，或者先空投20%，參與投票後再發放20%，質押後再派發剩餘的數量，務求將人留住。

除了一般的派發代幣，有些空投活動甚至會加入遊戲元素，要求用戶每天到官方網站連接錢包，之後再回答幾道有關該區塊鏈的問題，答中才有獎勵。你以為可以上網抄功課？當然沒有這麼簡單，他們的問題每次都會改變，大大增加作弊的難度，但其實就算用戶作弊，項目方也樂見其成，因為當你努力在網上搜尋資料回答問題時，自然就會增加了對該區塊鏈生態的認識。

雖然空投的理念與現實生活中派優惠券相近，但結果卻大不同——容我武斷的說一句，就算你將過往領取到的優惠券累積起來，金額亦相當有限，應該不足以讓你致富發財，但領取加密貨幣空投，發達卻不是夢！

擁多個錢包 取多個空投

2020年，以太坊上廣受歡迎的去中心化交易所Uniswap，曾經慷慨地向每位在其提供過流動性的用戶錢包派發其原生代幣UNI，數量達400枚，如果你擁有數個錢包，就可一次過領取幾千UNI；2021年時，UNI的幣價曾經高見$45，換言之，每個獲得空投的錢包當時獲得總值約18,000美元的獎勵！2021年底時，基於Cosmos開發的Juno區塊鏈的空投也十分慷慨，他們針對ATOM的早期持有人，以一對一的方式空投代幣JUNO，上限50,000 ATOM；若然你質押了50,000 ATOM，即可獲得50,000 Juno，而JUNO上線之後幣價表現凌厲，甚至曾超越ATOM。

單是2021年，針對Cosmo生態系統的空投項目已經有十數個，之後還會陸續有來。所以，只要你選對了加密貨幣作質押，躺著賺錢不是夢。

慎防不法份子藉空投取個資

一般而言，領取空投沒有風險。但開始有不法之徒會製造假網站並以「空投」為名吸引人連結錢包，然後要求用戶授權一些他們根本看不懂的智能合約，部分網站甚至會要求你填寫個人資料，例如姓名、電郵和電話號碼等，然後找專人與你聯絡，聲稱有技術問題而未能成功發放空投，繼而向你索取 24 個字的私鑰密碼以進行後續安排云云。別以為這些招數太爛，不少人由於貪念和技術知識不足，真的會上當受騙。所以，在領取空投之前，我都會到社交媒體如 Twitter 和 Telegram 等去核實這些區塊鏈空投項目，並參考社群裡其他投資者的留言後再行動。

領取空投後應何時賣出？

有些經空投收到的加密貨幣因為未成功在交易所上架，所以沒有參考價錢。這時候，你可以選擇將它作質押以收取回報，或者暫時將之閒置，等待它們正式在交易所上架後才賣出。

假如你幸運地收到空投，那又是否要馬上賣出？這問題沒有標準答案，視乎你有沒有心機和時間去做功課、研究該項目。我相信大家都很樂意長期持有一些具發展潛力的項目，但事實是，為數不少的項目在上市後價錢一直插水，持有這些加密貨幣就像持有空氣沒有分別。再者，這兩年的新興區塊鏈項目有如雨後春筍，若然每個都花時間去研究，恐怕這不是一個人的時間和知識能夠應付。既然如此，那我們收到空投後是否應該將代幣賣出套現？

質押空投 將回報轉為代幣

在第一章提到，我一般會以20%的資金，買入PoS的幣種作質押和領取空投，首先我會買入並質押長期看好的第一線加密貨幣以領取針對這些社群的空投。而除了比特幣和以太幣外，目前我持倉量最多的便是ATOM，一方面收取質押回報，一方面領取空投。

收到空投代幣之後，我會再將之質押，收取回報，然後將回報轉回我願意長期持有的代幣，即ATOM、比特幣和以太幣。這樣一來，就算該代幣上市後插水，我只是少賺了但不

會虧蝕，而假如像JUNO或UNI一般表現亮麗，這做法則可以受惠到它們的升幅，令我以較好的兑換率將它們轉為我比較了解且喜愛的代幣。

領取空投的操作多且複雜，難以透過文字直接表述，假如你有興趣了解空投的介紹和操作，可參考我的YouTube頻道「財科暗戰」中的相關影片。

幣圈術語：空投獵人

空投獵人會在空投前預先還註冊多個錢包，並多次做小額交易，「偽裝」成忠實用戶，以獲得領取人額空投的資格。空投一度變成送錢給「空投獵人」的活動，而為人所詬病。

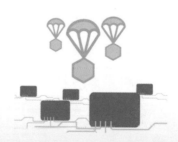

3.4

去中心交易所
社群做「老闆」

對大多數香港人來說，貨幣轉換是一件相當自然的事。這是因為港元與美元掛鈎，加上香港作為國際金融中心，港元流通量龐大，我們要將港元轉換成世界上任何一種貨幣，都沒有難度。但實情卻是，擁有如港元這種地位的貨幣，在世界上是非常少見的。

容許我以一些例子來擴闊大家對貨幣兌換的想像。試幻想，一個非洲剛果的人想到台灣旅遊，他可以直接把當地的剛果法郎轉為台幣嗎？先假設剛果沒有外匯管制，他亦要先將剛果法郎轉為美元，再把美元轉為台幣。這步驟看似簡單，但轉換過程中需要兩次手續費，假如要兌換的金額較大，更有可能出現滑價的情況，而且兌換的金額愈大，滑價的情況愈嚴重。所謂滑價，是指在下單與執行交易之間的價格落差，當美元需求大而該剛果法郎沒有國際需求時，這個交易對

（Trading Pair）的流動性便十分低；亦由於沒有人願意賣出美元去接受剛果法郎，所以每次有剛果法郎兌換成美元時，兌換價格都會往下跌。

以瓜分手續費吸引流動性

又假設有剛果人在香港做生意，看好兩地的貿易，他們當中，有部分人將剛果貨物進口到香港，賣出後得到港元，但買貨的成本是剛果法郎；又有些人在香港採購來自世界各地的貨品後進口到剛果，這時候，他的收入是剛果法郎，但成本則是港元，於是，這個社群之間便需要外匯服務，讓社群裡的成員可以自由地將手上的港元和剛果法郎作兌換。

當中有一位剛果朋友看準這個商機，開設了一間針對該社群的找換店，希望賺取中間人手續費；又再假設他不需要考慮法例牌照等問題，可以自行建立貨幣兌換時的所有制度，因此就有了以下方案：為了鼓勵手上有剛果法郎和港元的朋友將這兩種貨幣存放於他的找換店、提供流動性，他會將每次交易時收取的3%手續費與提供流動性的人對分，作為對

這些人的報酬。久而久之，這位剛果朋友的找換生意愈做愈大，吸引了其他非洲鄰國在香港做貿易生意的人加入，於是，就會出現其他的外匯交易對，例如肯尼亞先令對剛果法郎，烏干達先令對港元……

發行治理代幣 社群共同管理

以上就是去中心化交易所的基本設置：資金流動性由用戶提供，採取的是P2P模式，而平台則提供界面，方便使用者操作，交易手續費就由提供流動性的投資者瓜分。兩者所不同的，是以上的剛果朋友找換店仍屬於中心化的設計：有老闆。

你或會好奇，有老闆即是有人管理，有人管理就代表有服務，那不是比無人駕駛來得更好嗎？但別忘記中心化的風險，若然有一天這位老闆突然改變制度，濫收手續費，又或者監管機構認為他觸及了香港的金融法例，將他捉去坐牢，這個找換店的服務便要被迫停止，隨時令人血本無歸。

相反，去中心化交易所雖然有發起人，亦有開發團隊，但是它的治理制度卻是由社群共同負責，形式多數是發行一種治理代幣，再將之空投給社群參與者，持有該代幣的人可以遞交管理提案，經大家討論後作投票，一旦通過就如提案內容執行。而且，由於平台的設計源代碼是公開的，有需要的話，社群甚至可以更換技術開發團隊，也就是說，發起人和開發團隊雖然有角色，但真正的「老闆」其實是社群的參與者。而要數目前人氣最高的治理代幣，非 UNI 和 OSMO 莫屬，前者是 Uniswap 的治理代幣，而 Uniswap 是以太坊目前最受歡迎的去中心交易平台；OSMO 則是 Cosmos 最受歡迎的去中心化交易所 Osmosis 的原生代幣。

要留意，在去中心交易平台買賣，手續費其實比中心化平台為高。以後者的幣安為例，現在每筆交易收取 0.1% 手續費，但去中心交易平台的手續費就約 0.3% 至 0.5%。有些人就會覺得，中心化交易所有各種方便，有客戶服務，手續費又便宜，何苦要在更高手續費的去中心平台交易？答案很簡單，因為 Not your key, not your coin!

Not your key, not your coin

先別説中心化交易所被黑客攻擊導致損失，或者交易所管理人監守自盜等情況屢有發生，此外，中心化交易所的運作亦會受到各種外在因素影響。舉例，2021年中國大陸全面禁止加密貨幣挖礦和買賣，要求境內的交易所關閉或逼遷到外國，當時，受影響交易所的用戶被逼在短時間內將資產轉到境外的交易所或提幣到自己的錢包，過程中雞飛狗走，混亂不堪，其中小幣因為錢包的技術問題而導致用戶不能提取，又或是因為流動性不足，用戶被迫接受以一個很差的交易價格來成交。以上這些中心化管理的問題其實一直存在，只是我們選擇了方便，也選擇了忘記教訓或無視風險。

而中心化交易所的用戶最大的損失其實就是空投獎勵。就如前文提及，發放空投的項目只會針對一些活躍的加密貨幣社群，即是將手上加密貨幣作質押的持幣者；而在交易所內買幣然後選擇中心化質押的用戶並不在此列！至於交易所有否把屬於你的加密貨幣質押，然後私吞空投獎勵，那我就不得而知了。

因此，我再三提醒加密貨幣市場投資者必須將資產從交易所轉到自己的錢包，只有這樣，你才算是真正地持有該代幣，以及享受質押回報及空投獎勵。

幣圈術語：DAO

去中心化的領導人會把組織規則寫入區塊鏈內，智能合約就會負責運行去中心化自治組織（DAO, Decentralized autonomous organization）。

3.5 去中心化金融如放貸賺息

自從區塊鏈興起之後,出現了很多熱門關鍵詞,由於當中涉及了很多顛覆性的理念,一般人很難接受和理解,其中以 DeFi 尤甚。

DeFi 即 Decentralized Finance,去中心化金融 —— 每一個字你都認識,但組合起來卻足以令人滿腦問號。對於大眾來説,金融服務即是銀行提供的服務,包括存款、借貸、匯款、金融產品投資等,一言以蔽之,就是用錢去賺錢。銀行會從中收取息差和手續費,而一旦你同意購買,銀行更會要求你不斷在各式各樣的文件上簽名,以此來確認閣下明白這些金融產品的風險,潛台詞就是:萬一虧損,與它無關。

購買金融服務要簽名作實,但如果是借貸的話,你就需要付出抵押品,例如是房產證明,萬一你不能按照合約還款,銀行就有權將你的資產沒收拍賣。正因你出事時銀行可以討

債，但銀行卻不必為你投資虧蝕作補償，因此，銀行從來都是大茶飯，它們一方面受政府監管，另一方面卻能拿著政府批出的金融牌照去制定各種金融產品牟取暴利。而對於銀行，我們總是無奈地又愛又恨，一方面覺得他們收費高昂，手續繁複，但假如沒有銀行服務，生活上的眾多環節又會百般不便。

去中心化金融即是區塊鏈內的銀行世界，不同的是，這些去中心化的金融服務由你作主，所以理論上說，每一個人都是自己的銀行。

自動化執行省卻時間成本

在智能合約的世界裡，一旦滿足某些條件，合約就會自動執行，例如你沒有按時交付房租，進入房間的鑰匙會自動失效，按金亦會被沒收；又例如你購買了有智能合約的旅遊保險，列明只要航班延誤3小時以上就可獲得賠償，那麼，當你還在候機室內等候、嘮叨著甚麼甚麼時候才可登機時，由於航班誤點的訊息已然公佈，數據接通智能合約並自動執

行，所以你還沒有登機就已經收到賠償了。這流程最大的好處是省卻了中間一大截的行政成本和時間，只要運用得宜，便可以把部分省卻的金錢回饋給消費者，提高社會效益。

若然將這個概念應用在加密貨幣市場，就可以衍生出各種基於加密貨幣的金融產品。例如你看好A幣，但又不想賣出手上甚具升值潛力的B幣，你便可以抵押B幣，付出一點利息，提款出來購買A幣，這樣的話，持幣者如你就可以保留B幣的升值潛力，對B幣的項目方來說，亦可以減低人們因出售B幣而構成的沽壓，對整體幣價亦有所幫助；但當然，萬一幣價下跌，而你又不能及時補倉，所抵押的B幣就會被自動沽出。整個流程都是自動運作，有如一家高效的網上「當舖」。而為了吸引更多人參與這種具有智能合約保護的金融產品，有些平台更會向借貸人發出獎勵，例如抵押B幣可以獲得C幣作為獎勵，而抵押時間愈長，獎勵愈多，假如C幣價格錢上升，就等於借錢不但不需要支付利息，更可以收息！

過去兩年，類似這樣借錢賺息的例子其實相當多，這亦是加密貨幣市場吸引人的原因，但其中的風險亦大，嚴重時甚至會令投資者的本金歸零。

UST崩盤教訓：DeFi回報高風險仍在

2022年5月時，穩定幣UST受到資金狙擊，與美元脫鈎，而根據本來機制，會不斷鑄造該區塊鏈之原生代幣LUNA後再將之銷毀來穩定UST的幣價，奈何銷毀速度不夠快，故無論鑄造多少，UST的幣價亦未可回復至正常水平，加上因過分發行LUNA而形成的「死亡雙螺旋」，令LUNA幣價跌至接近零。抵押LUNA的投資者不但未可享受預期的回報，更承受極大損失，偷雞不成蝕把米，甚至有報道指出，是次事件中牽涉的損失高達四百多億美元，是不少投資人的慘痛回憶。

這事令我感受很深。無疑，去中心化金融的操作能跳過銀行、中間人，省下手續費的同時，更令金融流動變得有效，但一些人卻利用投資者的貪念，設計出不少複雜的產品，令人看得眼花撩亂。去中心化智能合約這些新科技固然好，但它所承受的考驗未夠，故牽涉的風險亦相當大，所以，大家在考慮參與與否時不能只看回報，更要留心風險。緊記：隨街跳的蛤乸少之又少，一旦有幸遇上，馬上拿下然後享用吧！

幣圈術語：GameFi

即 Game Finance（遊戲化金融），
指在遊戲中加入金融的元素，令玩
遊戲不再只是娛樂，玩家可透過遊
戲獲得加密貨幣或 NFT 道具，以及
將之變賣獲利。

幣圈術語：SocialFi

Social finance（社交化金融），與
Gamefi 相似，即將社交平台與金
融結合。任何人在 SocialFi 平台與
其他人互動，如創作內容、按讚、
分享等，都有機會賺取加密貨幣或
NFT。

幣圈術語：Move to earn, play to earn, x to earn

「邊行邊賺」、「邊玩邊賺」、「邊
X邊賺」，需在上述的Gamefi、
Socialfi語境中解讀，指進行某
活動從而賺得加密貨幣或NFT的
過程。

3.6 流動性挖礦 存幣獲獎勵

相信很多人會因為「挖礦」二字而對「流動性挖礦」（Yield Farming）產生誤解，其實它既沒礦機，更沒有礦場，嚴格來說甚至不是挖礦，只是提供資金（流動性）去賺取獎勵。那問題是：何以提供流動性就能賺錢？當中又有沒有風險？

讓我們回到那個來自非洲剛果的朋友在香港開設找換店的故事。因為剛果與香港的貿易頻繁，經營者由於業務需求，要麼需要兌換剛果法郎，要麼需要兌換港元，因此，找換店老闆鼓勵非洲社群的朋友也拿出剛果法郎和港元參與外匯兌換，增加流動性，讓對這兩種貨幣有需要的人可以順利兌換；而當愈來愈多人為這個外匯交易對提供「儲備」，流動性就愈大，滑價越會愈小，而吸引力也就愈大，同時，東主更可將劃出一部分手續費予提供流動性的人。助人自助，何樂而不為？

存幣到流動資金池享高回報

當兌換非洲貨幣的需求持續變大，市場自然就會出現競爭。為了爭取流動性，有一位來自越南的商人就提出更優厚的條件：若然在他開設的找換店存入貨幣，為其提供流動性，他就會送出總預算為1億越南盾作為獎勵，所有提供流動性的人均可獲得10%的獎勵，直至獎金派完為止。於是，大家為了賺取越南盾獎勵，就紛紛將資金轉移到這間越南朋友開設的找換店。後來越南經濟起飛，越南盾兌港元大幅升值，這些提供流動性的人除了賺取交易手續費之外，還因為額外賺取到的越南盾而發了一個小財。這個提供額外獎賞以吸引流動性的做法操作，正正就是流動性挖礦的原理。

在加密貨幣的世界裡，流動性挖礦十分流行，簡單來說，就是將50%A幣＋50%B幣放到流動性資金池（Liquidity Pool，LP），便可賺取C幣作為獎勵；而且回報相當可觀：當銀行的定期存款利息只有2%至3%的時候，流動性挖礦的獎勵隨時是100%或以上！如果你運氣好，獎勵得來的C幣更可能升值數倍，因此，投資者或能在短短兩三個月賺取數倍的利潤。

記得2021年7月時，我曾經在「財科暗戰」YouTube頻道拍片介紹當時新推出的去中心交易平台Osmosis，示範參與一號礦池Pool#1，提供50%ATOM＋50%OSMO，以賺取超700%的獎勵，獎勵則以平台幣OSMO支付。當時，OSMO的幣價只有約$2，到了2022年3月已經升至$11，雖然流動性獎勵已經跌至60%，但這半年的總回報率已經有好幾倍！

幣價跌持幣反增招損失

雖然以上所舉的例子如此正面，但流動性挖礦屬於中高風險的加密貨幣投資產品，比較適合進取型的經驗投資者，當中有幾個不得不提防的風險：

1.無常損失

當流動池內的資金價格低於投資者當初存入的價格，便會發生無常損失（Impermanent loss）。

例子：

幣價：ATOM $25，OSMO $10

Peter 在 Osmosis 平台提供了 20ATOM 和 50OSMO，即存入了價值（$500 + $500 = $1000）的資產，假設 ATOM 漲至 $50 而 OSMO 跌至 $5，由於市場供求的操作，ATOM 會因為幣價上升而需求增加，流動池內的 ATOM 比例因而減少；相反，因為市場上有更多人賣出 OSMO，池內 OSMO 的比例就會增加。這時候，雖然 Peter 依然持有價值 $1000 的幣，但組合卻調整成 10ATOM 和 100OSMO。但若然 Peter 沒有提供流動性，而是一直持有該兩種加密貨幣，即 HODL，他擁有的資產價值則是：20 × 50 + 50 × 5 = $1,250；因此他的無常損失就是 20%，或 $250。

圖 3.1　幣價升跌影響資金池持幣價值

	ATOM	OSMO	總值
Peter 存款時幣價	$25	$10	--
Peter 存入數量	20	50	--
存入價值	$500	$500	$1,000
幣價調整	升至 $50	跌至 $5	--
資金池持幣數量調整	10	100	--
Peter 資金池組合價值	$500	$500	$1,000
Peter 持幣組合原本價值	($50*20)=$1,000	($5*50)=$250	$1,250
		損失	-$250

為了減低無常損失的可能性，我們應盡量選擇幣價方向一致的交易對，即「齊上齊落」的兩種加密貨幣。而我相信，任何投資者若沾手了有LUNA、UST的流動池，都會在UST事件後感受到切膚之痛，因為在無常損失的影響下，無論另一種配對的幣種是什麼，都會因LUNA和UST價格的暴跌而令兩者在池內的比例大增。結果，投資人縱使賺了更多利息，但最後得到的，只會是價格被壓至接近零的LUNA和UST。

2. 平台獎勵幣下跌

過去一年，流動性挖礦成為熱潮，源於在於其年回報率高，加上在幣市整體暢旺下，獎勵代幣又不斷升值，所以市場上的資金都不斷在追逐一些高回報的流動池。但大家需要注意，獎勵代幣其實是無中生有的經濟遊戲，如果平台內的經濟活動不足夠，在供應不斷增加，而需求不足時，幣價便沒有承接，甚至會斷崖式下跌。

3. 智能合約漏洞風險

去中心化交易所及流動性挖礦都是基於智能合約的新興區塊鏈投資產品，一些專門發掘技術漏洞的黑客會針對不成熟的

平台發動攻擊，又或是合法地鑽空子以獲取暴利，所以，因智能合約漏洞而招致投資者全盤損失的個案，著實不少。正因如此，若大家盲目追求回報而將手中珍貴的加密貨幣轉賬至去中心交易平台，最後因平台出問題而招致損失，不單只沒有完善的法例保護，更會投訴無門，亦正因為是去中心化，所以既沒有客戶服務熱線，更沒有門市、客戶服務中心，真正是「叫天不應，叫地不聞」，就是想找個朋友訴苦，自己也不知從何説起，更別忘記大部份人對這些操作亦難以理解，根本不懂得如何去安慰你…。

這種結構性投資的原理和操作複雜，相信仍須一段時間才能完全發展成熟，所以，大家在選擇平台時需要格外謹慎，做決定前也不妨上網多參考其他投資者的評論，先求知，再投資。

幣圈術語：Diamond hand, Paper hand

指持貨人的持貨能力，堅定持有的投資者做 Diamond hand（鑽石手），相反，輕易被消息或波幅嚇走的投資者做 Paper hand（紙手）。

3.7

流動性挖礦的
離場哲學

每次與身邊朋友討論流動性挖礦時，有一個話題總是特別受歡迎，抱持不同想法的朋友都會堅持自己的一套做法才是最合理，這話題就是：離場安排。

容我簡單地將這些朋友劃分為「循環派」以及「變現派」。顧名思義，前者就是選擇將將資金留在流動性池（Liquidity Pool）中賺取不同的代幣，亦即是放Ａ幣和Ｂ幣來賺取年利率相可觀的Ｃ幣獎勵；這一派的朋友認為，透過循環操作，就可不斷獲取年利率上百，甚至上升的Ｃ幣，再加上Ｃ幣的潛在升幅，不正正是理想的被動收入嗎？相反，變現派的朋友則相對直接，他們認為只有落袋的利潤才是真利潤，所以，一旦在這些挖礦行為中賺得利潤，就會馬上變回法幣，一於「變現最實際」。

循環獲利 需考慮獎勵幣隨時歸零

循環派的朋友當然有其道理，畢竟數以1000% 計的年利率簡直就是「暴力式獲利」，教人難以抗拒。但別忘記，這道獲利方程式要成立，其中一個先決條件就是：C幣不會歸零。假如我們能撥開極高年利率所帶來的數字迷霧，認真回想C幣的「身世」，就會發現，它其實是由項目方發行的代幣，發行的數量、時間表等完全由其決定，萬一項目方濫發而令代幣價格歸零，那任你手上拿著更多C幣，其實亦只如冥通銀行的鈔票一樣，面額再大也是過眼煙雲；奈何這一道理往往難以為循環派的朋友所看通，原因在於他們大多在之前的操作中獲得過不錯的利潤，食髓知味，覺得同樣的方法可以令自己一直贏錢，再以「既然可以上架，總有方法換回其他幣」「不賺白不賺」等理由來合理化自己的行動。事實卻是：任何事故在發生之前，一切都看似正常。

變現落袋 放棄加密幣升值潛力

既然循環派到頭來可能只有一場空，是否代表變現派就是正確的做法？那倒未必。因為一旦你選擇將收益變回法定貨幣，意味著你將與加密貨幣的升值潛力揮手作別，同時，假如我們認定去中心化的加密貨幣才是最後的王道，換回法幣，豈不是開倒頭車？所以，如何在DeFi世界離場，其實可以折射出我們的金錢觀和價值觀：究竟是追逐虛幻的富貴，還是回歸固有框架中明哲保身？

然而，世界從來都不只是二元對立，循環派與變現派以外，我覺得還應該有第三派：比特幣派。

面對這些挖礦的獲利，我個人的做法就是抱持比特幣為本的思維，將之轉成比特幣，這樣一來，我既可以享受加密貨幣的升幅，又不必在虛幻的利率數字中載浮載沉，患得患失。當然，你仍然可以抱持C幣爆升的美好想像，取笑我這做法不能賺到盡；但當本來真實的事變得愈來愈虛幻，誰又可以保證，這些成百上升的利率、天文數字的代幣數目，就不會是夢幻泡影？而我之所以相信這方法，在於我對比特幣的堅

信，認為它才是加密貨幣的王道，是區塊鏈的核心應用，永遠不倒——假如比特幣都因為受衝擊而價錢歸零，那大家大可將手上這本書燒掉，因為所有內容都是鏡花水月，如露亦如電。

幣圈術語：Whale

巨鯨或鯨魚，指資金龐大的投資者，因為這些大戶隨便一個買賣就會影響幣價，有如鯨魚轉身會令水花四濺。

第 **4** 章

穩定幣賺高息？
嚴選存貨平台

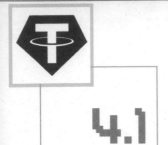

駁通傳統金融與加密貨幣

4.1

在之前的章節中已約略提過「穩定幣」,顧名思義,穩定幣 (Stable Coin) 即是一些既是1:1與法幣掛鈎 (或直接以美元為本位),又具加密貨幣保密性質的應用,當中以美元的穩定幣最為普及,即你每持有一個穩定幣就等同持有一美元。現時全球穩定幣的流通量,以2019年計,全部穩定幣加起來的交易量已有2,400多億美元,到2020年已超過1萬億美元。 當中,「穩定」並非指幣價永恆不變,而是與其他價格浮動的加密貨幣相比,其幣價相對穩定;正因如此,穩定幣才可作為法幣和加密貨幣的橋樑,左右逢源。目前穩定幣大致分為三大類:中心化穩定幣,包括分別由Tether及Circle發行的USDT和USDC;以DAI為首的抵押型穩定幣,及算法穩定幣。

圖4.1 穩定幣的種類

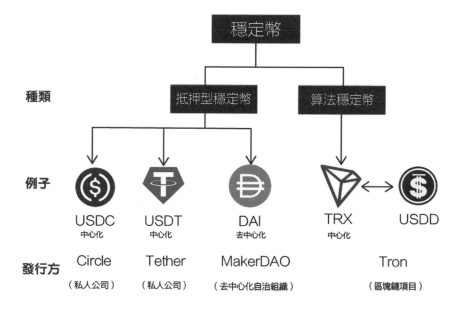

中心化穩定幣

在區塊鏈的世界裡，任何人都可以發行數字穩定幣：只要有人拿著穩定幣向你換取法定貨幣，而你可以履行承諾，就能得到信任，成為穩定幣發行商。換言之，每個人都可以藉著區塊鏈的特性去成立一間屬於自己的銀行，繼而發幣。這事聽起來匪夷所思，但事實上，目前世界上最受歡迎、接受度最高的數字穩定幣USDT就是這樣成立的。

中心化穩定幣的發行原理相當簡單：只要質押美元，就可以發行相等數量的穩定幣，即是每發行一個穩定幣，則需要有一美元作為抵押資產。操作容易而且便於轉賬，但問題是，為甚麼有錢不用而要用穩定幣？用錢來買賣加密貨幣、直接「入場」，不是更直接嗎？這些問題一開始時並不容易回答，直至 2016 年，中國政府正式禁止加密貨幣交易所接受人民幣入金。當時，由於手持法定貨幣已經不能入場，投資者若想在交易所買賣比特幣，唯一途徑就是先用法定貨幣購買 USDT，然後再轉入交易所。一時之間，USDT 成了內地投資者進入加密貨幣成界的「入場券」，亦令它開始風行至全球，連帶令穩定幣也引來投資者的關注。

USDT 風險：同等美元現金不足

雖然 USDT 為目前規模最大，最多交易所接受並且廣泛使用於國際匯款的中心化穩定幣，但其風險亦最大。其中最為人詬病的地方，是質押量與發行量不相稱以及資產的透明度不足。USDT 總發行量有數百億美元，但背後卻沒有相同數量的美元現金——這在其發行商 Tether 公司的財務報告內可以看到，美元現金只為公司總資產一半，其餘的美元資產則為債券和其他加密貨幣，投資組合細節亦沒有公開。

USDT 的潛在危機，其實早被業界人士洞悉：2022 年 4 月時，《華爾街日報》就有報道指，許多對沖基金正在打賭 USDT 面臨擠提，更使用金融工具沽空 USDT。據報道所言，沽空者對 USDT 的儲備資產有所質疑：Tether 持有的商業票據大部分來自中國房地產開發商，雖然恒大（3333）破產、內房債券被拋售與評級下調等事件發生，但 Tether 從未揭露有關損失。

此外，美國財政部高級官員 Nellie Liang 於聽證會時亦指出，若然短期內出現大量贖回美元要求時，Tether 難以快速將其資產該投資轉換回美元資金以滿足其流動性，有擠提擠兌的風險。

正是以上的種種原因，令各地的監管機構一直以來都對 USDT 虎視眈眈，美國政府更多次發聲明指出 USDT 的存在風險。如此明白的風險擺在大家眼前，但超過 70% 的交易所均接受 USDT，而且，只要任何人使用過 USDT 作交易，都會被其方便所吸引；所以一日未出事，相信大家都會選擇無視風險，繼續使用。

USDC風險：發行商或配合政府監管

印銀紙的生意誰不想做？所以，最近兩三年，很多機構紛紛發行自己的中心化美元穩定幣，希望分一杯羹。其中以USDC最為合規，在歐美等地亦較為流行，原因是它每月都會公開自己的核數報告，當中有提及USDC的流通量，而且表明會有與發行量相同價值的美元資產，如美元現金、短期的美國政府債券等作為支持，確保不會出現擠提的情況。

由於透明度高而且相對合規，令USDC最近一年的發行總量已經上升了好幾倍，規模直逼USDT。不過，USDC也並不是沒有風險，由於各國監管機構不斷加強監管，尤其是美國證券交易委員會（SEC）在2021年7月要求USDC穩定幣開發商Circle提供資產、客戶及營運資料。若發行商配合監管當局交出資料，或禁止某一些地址轉移旗下資產，即這些穩定幣發行商可能已重返「銀行」體系，這與我們最初脫離傳統金融的原意有所違背。 因此，部分投資者會轉投抵押型穩定幣的懷抱。雖然USDC有「監管」的保證，相對安全，但我認為它在短期內都無法超越USDT，因為目前大部分衍生

產品都是以USDT為基礎，這一市場之龐大，令USDT的流通性亦大，令USDT的領導地位難以在一時三刻內被動搖。

回報較銀行定存高

正如前面所言，USDT和USDC等中心化穩定幣主要的應用場景是跨境支付，以及交易比特幣等加密貨幣，所以可將之理解成進入交易所的入場券。亦因為近年加密貨幣的投資迅速流行，穩定幣的需求亦隨之增加，供不應求的情況催生出各式各樣的投資機會，例如穩定幣的借貸，抵押，定期存款等等的服務便應運而生。

過往數據顯示，穩定幣的活期存款一般約8%，而60日的定期存款曾高達10%以上；如此可觀的回報，反映出這些中心化穩定幣的巨大市場需求。那如果我想長線投資，有沒有一年以上的遠期定期存款產品呢？抱歉沒有！因為「幣圈一日，世上一年」。加密貨幣的投資者看不到這麼長遠，今朝有酒今朝醉，六十天？已經是很長的時間了。

抵押型穩定幣

抵押型穩定幣是我認為可長線看好的幣種，關鍵就在於它的去中心化發幣模式，以通過以法定貨幣、加密貨幣或其他資產作為價值抵押物，來維持穩定幣的價格穩定。無可否認，USDT及USDC等中心化穩定幣的應用方便，亦早已搶佔了一定的市場份額，但卻面對著監管和資產不夠等風險，而更重要的，它們背後的發行機構是中心化的公司結構，公司結構便意味著人為風險必然存在，畢竟印銀紙的誘惑太大，一旦面對誘惑，人性就會顯露，人為風險亦在所難免。正因如此，去中心化發幣就可將人為的影響減低。

抵押以太幣獲相應DAI

USDT是中心化的抵押型穩定幣，而目前最成功的去中心化穩定幣應該是由MakerDAO推出的抵押型穩定幣DAI。DAI這個名字其實源自國語發音的「貸」，由此，不難猜測其針對的用戶群應該是中國人。DAI是基於「貸款」原理發行，是在以太坊上依照ERC20協議發行的美元穩定幣，只要用家抵

押上以太幣（ETH）後，便可以獲得其抵押品價值一半的穩定幣DAI：例如每個以太幣價值5,000美元，每抵押一個以太幣便可以生成2500DAI，以之在加密貨幣市場裡兌換其他資產，而一DAI則等如一美元；但當抵押品的價值跌低於某個百分比時，抵押者便要「補倉」以維持穩定幣的比例，如果來不及補倉，就有機會被強行賣出以太幣，相反，當以太幣的價格有所提升時，你亦可以隨之生成更多的DAI。

DAI之所以是去中心化，是因為每顆 DAI 的發行都藉由CDP 智能合約（Smart contract）與美元定錨，合約會根據用家抵押的以太幣價值多少美元，決定發行多少DAI。無論發行、回收銷毀都不受任何人或團體所控制，是完全由程式碼自動執行的穩定幣，抵押和發行的紀錄，都是公開寫在以太坊區塊鏈，任何人都可以查閱。正因背後沒有公司在操控，所以理論上不會構成監管的問題；而且在這個「超額抵押」（每一枚DAI的背後，都有兩美元擔保其價值）的機制之下，DAI的信用風險也相對較低。

雖然風險較小，但因為實際操作比較複雜，故 DAI 的應用也就沒有 USDC 等穩定幣般廣泛：較常見於交易所裡的應用，但主要的應用場景還是在去中心化金融的平台，例如提供流動性挖礦等以賺取回報，但因當中牽涉的技術操作比較多，在此我就不加以敘述了。

算法穩定幣

相比起中心化穩定幣和去中心化穩定幣，算法穩定幣相信是傳統投資者較難理解和接受的穩定幣。假如用現實金融體系的例子來理解，你可以把算法穩定幣看成為自動結算的中央銀行，沒有人為操控，而整個機制是靠穩定幣生態內的治理代幣去維繫價格與美元保持在一對一的關係。與中心化穩定幣相比，有一套公開透明的機制，並依靠不同節點、驗證人來維護。

我在此書第三章 3.5 節提過區塊鏈 Terra，有兩個最知名的幣種 LUNA 及 UST，後者就是算法穩定幣，以算法維繫 1UST 等同 1 美元的恆久關係。而治理代幣 LUNA 與 UST 的關係是

相對的，銷毀 LUNA 可以鑄造 UST，反之，銷毀 UST 可以鑄造 LUNA，價格則由供應和需求度設定。

高息回報是否可行待時間驗證

根據原有設計，LUNA 與 UST 的關係就像地球與月球一樣，有著一個很微妙的引力關係，是剛好的距離。UST 是透過銷毀 LUNA 這個幣而被鑄造出來的，假如 LUNA 幣價是 40 美元，那銷毀一個 LUNA 就可以鑄造 40 個 UST。當 UST 的價值低於 1 美元的時候，比如只值 0.9 美元，程式就會鑄更多 LUNA 來銷毀 UST，從而減少 UST 市場供應來提高價格。相反，如果 UST 的價格高於美元，比如值 1.1 美元，程式就會利用銷毀 LUNA 來鑄造 UST，透過提高 UST 的供應來令價格回落。

所以 Terra 是透過銷毀和鑄造 LUNA 來控制著 UST 的供應，令 UST 兌美元保持著 1:1 的價格。然而，這樣一個「平衡」的關係卻被有意破壞的人盯上，以惡意狙擊的方法令 UST 與美元脫鈎，再加上因 LUNA 過分發行的「死亡雙螺旋」，不但令 LUNA 幣價歸零，亦為算法穩定幣帶來沉重一擊。

UST 不是算法穩定幣的始祖，但它之所以能大受歡迎，甚至曾一度成為全球第三大穩定幣，與其錨定協議（Anchor Protocol）曾可帶來高達 19% 的存款利率有密切關係。錨定協議是一個放貸及存款的協議，存款的話可收取高 20% 的年利率。執筆此際，市場上尚有其他算法穩定幣，如波場（TRON）發行的 USDD、公鏈 Near 發行的 USDN 等，都是以高利息回報來吸引投資人。到底市場會否因 UST 事件而影響對算法穩定幣的信心，抑或這些算法穩定幣會汲取教訓後做得更好？這一切，都需要留待時間驗證。

穩定幣不穩定？
由UST事件說起

假如加密貨幣有歷史事件簿，2022年5月發生的UST事件
絕對會被載入史冊，因為它不但令曾在加密貨幣市值排行第
五的LUNA歸零、世界各地的投資人蒙受損失，亦用血的教
訓來逼使大家思考一道問題：穩定幣是否真的穩定？要回答
這問題，必須了解UST「出事」的原因。

沽空壓力影響市場信心

正如我在前面的內容所述，Terra的生態系統可以透過燒毀
原生代幣LUNA去鑄造去中心化穩定幣UST，以算法來維繫
1UST等同1美元的穩定關係。而其實，整個機制得以有效
運作，倚靠的是兩件事。

一是Terra基金會的儲備。這部分由LUNA的自動生成機制
以及基金會持有的比特幣組成，本來相安無事，但當市場上

沽空的力量太大，就會令大家的信心有所動搖。假設惡意沽空者的資金只有10億美元，那麼按自動調整機制，只要加快銷毀UST就可以將其拉回1美元的價格，維持聯繫匯率。然而，此一想法只是理性地計算數字，卻忽略了人的心理——亦是維繫機制的第二個元素，市場上投資人的信心。當面對龐大的沽空壓力，那些被「穩定」二字吸引，且被高達20%回報而參與其中的投資人就會擔心自己的存幣是否安全，爭相贖回自己的存幣，令原本的10億沽壓一下子膨脹了十倍、百倍，造成如銀行「擠提潮」的狀況：即原本有足夠的金錢支付，但排隊的人龍太長，人手不足，排隊中的人就會吸引更多人前來排隊取款，羊群效應下，銀行需要面對比預期龐大的提款額，最終周轉不靈。

正因如此，UST事件之所以爆發，原因不在於儲備不足，而在於機制反應不夠迅速、投資人對其信心不足，而管理者的反應太慢、太天真，結果就被老謀深算的Smart Money算計。

去中心化優點難在亂局中展現

但 UST 的慘案亦正正點出了去中心化的核心問題：不能做到「兵貴神速」和「事以密成」。在去中心化的領域，所有事要開誠佈公、完全透明，尤其在 PoS 的共識機制之下，事事都要有提案、討論；在太平盛世下，這類講求民主、程序公義的做法固然可取，但在人心不穩的情況下，提案需時、討論進度會膠著，完全與「兵貴神速」和「事以密成」這兩大行軍原則相違背。然而，在信心危機當前，要找到強而有力，能力與信心兼備的領袖去帶兵已不容易，但要容讓這種強人領袖真正做到果敢決斷，在目前的去中心化加密貨幣領域又似乎不能實現。

雖然 UST 遭遇失敗，但我相信，無論是 UST，甚至算法穩定幣，都不過是整個加密貨幣市場的其中一個篇章，它目前的失敗不代表整個去中心化體系的問題，而是一個考驗。未來發展如何，就要看這班聰明人會否合力研究出一種更安全、合理，切合市場需求的系統，既可抵擋無情的沽空資金，又可安全地維護眾人資產。

或掀贖回潮及監管壓力

而可以肯定的是，今次由 UST 事件所帶來的影響絕對不只投資人目前已在口袋內丟失的金錢。大家會否對市場上高槓桿做法會心生懷疑？首當其衝的各類 DeFi 平台會否因為投資人的信心危機而要面臨一波龐大的贖回潮？此外，由於是次事件牽連甚廣，各地蒙受損失的人數與金額都相當巨大，變相令各地政府獲得更大的民意基礎去採取嚴厲的監管政策，透過杜絕加密貨幣的新玩法以減少投資人損失，如此一來，一些原本穩定的系統會否都受影響、繼而對市場造成更大損失和傷害？

牛市的時候，市場上的資金多、信心大，願意冒險的人多，故出事機會亦相對較少，相反，熊市時，市場上的信心危機一旦被觸發，不論任何事都有可能發生，屆時，就要經過一番試驗才會知道有哪些平台可以捱過浪潮。話雖如此，沒有人想在此時成為砲灰、為市場的測試提供動能，繼而陪葬，所以，牛市時要謹慎，熊市時則要比謹慎更謹慎。而假如我們相信比特幣、相信去中心化、相信非主權貨幣，那麼，最後最穩定的貨幣必定是比特幣。

所有成熟的體系都必定經過碰壁和修正，而且不只一次。加
密貨幣面世至今，只有短短十數年的時間，整個體系依然需
要不同的挑戰和困難，令其變得完善。雖然眼前一片混沌，
但我始終相信加密貨幣的發展是反脆弱的過程，要經過多次
洗禮、磨練，才變得更完美。

4.3 穩定幣
高息之謎

正如前面所言，USDT 和 USDC 等中心化穩定幣主要的應用場景是跨境支付，以及交易比特幣等加密貨幣，例如穩定幣會比其他加密貨幣方便轉移資產或進行跨境匯款，手續費會較低，速度也較快。因此，穩定幣可理解成進入交易所的入場券。亦因為近年加密貨幣的投資迅速流行，穩定幣的需求亦隨之增加，供不應求的情況催生出各式各樣的投資機會，例如穩定幣的借貸、抵押，定期存款等的服務便應運而生。

若說穩定幣是加密貨幣和法定貨幣之間的橋樑，那我們理應要在口袋裡留有若干的穩定幣，務求「進可攻，退可守」，方便來回加密貨幣和法幣的世界。但當加密貨幣的價格有令人期盼的升幅，而法幣則可以存到銀行，賺取一下利息（雖然不高），那穩定幣夾在兩者中間，白白拿著，豈不是最吃虧？假如你亦有這些疑問，就更應善用以下這些工具，用加

密貨幣「錢滾錢」。截至我執筆之時，穩定幣的活期存款一般較銀行高出數倍，可達5%以上，60日的定期存款則可高達8%以上；如此可觀的回報，反映出這些中心化穩定幣的巨大市場需求。

放存貸平台，定期收取回報

一些加密貨幣存貸平台，運作形式與銀行類似：你既可以向它們借加密貨幣，同時又可以將加密貨幣存放在內以收取利息。具體利率不定，一般幣種大概有5%至至6%的年利率，而存入穩定幣USDT或USDC的話，過去曾有10%至12%的利率。而目前市場中規模最大的三個平台，分別是BlockFi、Celsius以及Nexo。其中BlockFi和Celsius是美國公司，而Nexo則是歐洲公司，大股東是一家勢力非常雄厚的FinTech企業。

作為存貸平台，三者的基本功能大同小異，用戶存入加密貨幣後，可以每日（Nexo）、每星期（Celsius）或每月（BlockFi）收取若干回報，當中最大的分別在於BlockFi

發放的利息為你所存入的幣種，亦即存USDT得USDT，而Celsius和Nexo則有一個額外選項：假如你願意選擇以Celsius和Nexo的平台幣CEL以及Nexo來收取利息的話，則可以享受更高的利率。舉例，假如你存入USDT而選擇以USDT來收取利息的話，利率可能是7%，但選擇收取CEL或Nexo的話，則可能有9%的利率。

轉賬時免除礦工費

乍聽之下，大家都會覺得有點不可靠，因為萬一平台濫發平台幣又或是其幣價暴跌，那收回來的豈不是空氣幣？但在2021年，兩款平台幣都有若干升幅，所以，利息加上平台幣的升幅，不少人有如賺了兩次。不過當2022年熊市，平台幣幣價大跌時，那就是另一個故事了。

除了利率高低，轉賬時的費用亦是考慮這些存貸平台的一大因素。相信大家都知道，在區塊鏈上每次轉賬都要支付「礦工費」（Gas Fee），一般情況下，大約就是100港元，以上三款平台均有提供免除Gas Fee的提幣，但限額卻不同，所

以，如果你不時要轉賬加密貨幣予朋友或商戶的話，選擇平台時亦需要考慮這點。

穩定幣的 10% 年利率回報，說多不多，說少也確實不少，所以我身邊一些來自傳統金融界的朋友都會認為這些平台是騙局，但其實在下定論前，不妨先退後一步，想像一下它們的用途：這些平台不但可以存款生息，更可以用來借貸，而平台之所以可以用高利率來吸引人存款，在於有人願意以更高的利率向其借貸——牛市期間，幣價的升幅能以倍數計，所以，就算要付上 10% 以上的利率來借貸，依然有人願意冒險一試。但熊市時情況會怎樣？就交由大家要自行想像了。

風險：利率浮動、提幣手續複雜

事實上，「穩定幣高息」背後，也有潛在風險不得不察。

1. 提幣手續繁複

以上介紹的三個平台都不是香港公司，而當我們開設帳戶時，都需要提供身分證明文件作登記，提幣時，平台又會要

求再次提供相同的資料作核實之用，身邊不少朋友在登記時用了護照，但提幣時則遞交身分證，結果因為證件不符而令有關提幣要求久久未有回音，此外，每次提幣時，平台都會發出不少確認電郵，要用戶逐一回應作實。一旦未能遞交正確資料又或是漏掉了其中一封電郵，隨時等了又等都未能提幣。

2. 未有具體條例保障存款

雖然這些平台都是正式註冊的公司，但目前，各國政府也沒有一套全面的制度來監管其運作，換句話說，沒有具體的條例來保障用戶的存款。縱使部分存貸平台如BlockFi聲稱有保險保障，意即用戶的存款萬一被盜，將會獲得賠償。但假如細閱其條款，不難發現相關的保障詳情都只是輕輕帶過：是否只賠償予公司註冊國家的公民？賠償比例又是多少？統統都是謎。2022年6月，Celsius宣佈因市場的極端狀況而暫時用戶提幣和交易，執筆之際，事情會有何發展尚是未知之數，但已令大家驚覺自己的存款根本沒有保障。

3. 利率浮動 隨時失預算

同樣是存款收取利息，但這些存貸平台的利率會隨著市場狀

況而變動，與傳統銀行提供、有固定利率的定期存款不同，好處是利息都是以活期計算，可以隨時提款（但大多需要一至三日的處理時間），但壞處就是，平台毋須得你同意或事前預知，只要一封通知電郵就可以改動利率，萬一這些利息是你的主要收入來源，隨時大失預算，方寸大亂。

4. 存款到平台失控制權

正如我常說的「Not your key, not your coin!」一旦你將幣存到這些中心化平台，就意味著這些幣的控制權再不在自己手上；若然平台突然倒閉、又是被黑客攻擊而有損失，你的存幣亦隨時化為灰燼。

5. 人心不足、監管未及

如上所述，這些存貸平台的會透過放貸的利息獲利，此外，更會將用戶的存款用作投資，錢滾錢。這一獲利模式，本質上與銀行接近，但因為它們沒有如銀行一般的複雜架構，成本相對較低，變相可將更多利息回饋予存款戶。由此，傳統金融機構與這些存貸平台其實是競爭對手，只是後者未被監管，能夠玩弄財技的自主度較大，也就是可以更貪心、更瘋

狂。當市場不景而缺乏相關監管時，其崩壞的程度比銀行有過之而無不及。但箇中原因不在科技，而在於人性的貪婪。

Celsius 事件的教訓

Celsius 事件的出現正好說明了以上風險並非杞人憂天。導致事故發生的原因主要有三點：一是公司利用客戶存款去購買投資產品。雖然Celsius 並非沾手高風險投資品，但市況變動造成散戶信心不足，掀起提款潮，令參與其中的Celsius被逼低價沽出手上的投資產品，此一折讓無可避免地影響到公司收入，結果，只可暫停用戶提款。

二是平台幣CEL的緩衝作用失效。Celsius最初的如意算盤是利用較高利率來吸引用戶收取平台幣，以減少他們直接提幣時所引起的沽壓。但熊市時，平台幣幣價低賤，已喪失其吸引力；此時，用戶自然會選擇收取所存之幣作利息和提款，同時亦會拋售平台幣。雙重壓力下，緩衝作用徹底失效。

三是零監管。平台可以動輒暫停提幣、交易而不須任何人同意或批准，再者，事故發生時之補償機制亦沒有一套明確標

準。就 Celsius 而言，其服務細則當中有列明，假如平台發生重大變故，客戶須有心理準備，未必可取回全部存款，但相信大部分用戶在存幣之前，根本沒有留意過這些「免責聲明」的存在。

恐出現骨牌效應

正是這三大原因結合，令 Celsius 這平台陷入了危機，也值得我們反思，這些存貸平台的風險，其實比我們想像中來得更高。 再者，事件或會令消費者對這類存貸平台的信心動搖，紛紛從其他平台中提幣，令本來相安無事的平台無辜受牽連，繼而出現「骨牌效應」，影響變得更大。以上這情況，絕對有可能發生，大家不得不察。所以將幣取回冷錢包才是最保險的做法。 Not you key，not your coin ！

如果讀者理解當中風險後，仍考慮使用這些存貸平台，除了上述三家外國的存貸平台外，立足於亞洲的加密貨幣金融服務平台 Matrixport 也可考慮，因為這平台在香港有在地團隊，應用上遇到問題或有其他客戶服務需要時都求助有門；而且平台的網站或應用程式界面都較易為華人用戶所適應，

投資產品的選項亦多，除定期和活動存幣外，更有其他如雙幣投資等的進階項目，不失為外國存貸平台以外的另一個好選項。

小部分資金放存貸平台

躺著去賺錢當然令人興奮，但切記，沒有一個平台能夠做到百分百安全。所以，我習慣將大部分的加密貨幣資產存放於離線冷錢包（保管加密資產的方法會於第六章詳細討論），小部分放到這些存貸平台上賺取利息，再有更小的一部分則放在交易所，好讓自己能隨時買幣。而在歷經UST事件後，大家就更要留意存貸平台可能面對的風險——可以預視，各地政府對加密貨幣相關的監管會愈來愈嚴厲，這些平台會否因監管而面臨壓力？若有，會採取甚麼應對行動？它們的業務模型能否支撐高利息的支出？ Celsius 暫停用戶提幣的消息更是一個很好的警號，亦容我不厭其煩，再次提醒大家 Not your key, not your coin ！

我常開玩笑地説，幣市的投資就有如談戀愛，一旦失去信

心，自然會疑心生暗鬼，無限猜度。由於幣市低迷，這熊市周期內，這些平台或會因市場大環境的變化而有所轉變，連鎖反應之下能帶來多大損害，目前無人能說準。故我們將資產放入其中賺取收益時，都要量力而為，注意風險。

幣圈術語：Gas Fee

投資者在區塊鏈作買賣交易、轉賬等服務時，被稱為「礦工」的驗證者會透過 PoW 或 PoS 等共識機制，驗證該  交易紀錄，並打包成區塊放在區塊鏈上。投資者需支付費用給協助驗證並紀錄交易的礦工，稱為 Gas Fee。

4.4 貨幣三國誌
長線比特幣應更穩定

有讀過《三國演義》的人，應該會記得其開首的一句：「話説天下大勢，分久必合，合久必分」。當下，我們也見證著加密貨幣、穩定幣和法定貨幣三分天下的局面，而我認為，經歷一連串鬥爭和廝殺後，我相信比特幣是最終的「穩定幣」，穩定的意思並非相對美元穩定，而是價值上的穩定。

要理解此話，我們得先理解穩定幣因何而生。

2009年，比特幣面世，為世人展示了去中心化貨幣的可能和願景，但試想像，若然今日，雲吞麵的售價是0.0001BTC、買一個四百呎單位則要20BTC，相信會世界大亂，原因在於長久生活在中心化世界的我們早已內化了一套中心化的計價模式，被美元、法定貨幣的框架局限了我們的思維，而要由中心化的法定貨幣思維走向去中心化的模式，不可能是一蹴而就的事。

穩定幣連結數字貨幣與法幣

情況就有如我們要將印尼盾轉換成剛果法郎，但大家都沒有一個如何將兩者轉換的概念，這時候，若然有美元或港元作為一個「中間人」，令人能按圖索驥，知道印尼盾能夠兌成若干美元，而這些美元又可以換成多少剛果法郎，那就可以將兩種貨幣「連起來」思考。正因如此，有人就生起了「美元穩定幣」的念頭，試圖將數字貨幣與現時被公認為最穩定的貨幣（即美元）掛鈎，令美元穩定幣擔當連接加密貨幣世界與法幣世界的橋樑。

換言之，美元穩定幣由誕生的一刻，其「橋樑」的角色早已被寫定，但亦有賴它們的出現，令人更易了解和接受比特幣這類去中心化加密貨幣。正是在這背景之下，美元穩定幣一一出現：2014 年時乘勢而生的 USDT、標榜有核數的 USDC 等都是大家熟見的例子。而當這類有組織、有結構的美元穩定幣出盡風頭，在加密貨幣和法幣間遊走而享盡著數時，自然會引來監管機構的注意，試圖將這些越來越具有銀行影子的金融機構納入監管，更有甚者，會希望將之取締，繼而自己

發行──站在國家角度出發，此舉能有效監測資金流轉，打擊洗黑錢，豈不是極大的誘因去令它們發行國家級的主權穩定幣（Central Bank Digital Currency，CBDC）？又其實，對於這種數碼形式的資金應用，你和我都絕不陌生，且看微信支付、支付寶、八達通等，少說也有十多年歷史了。

去中心化穩定幣 制度公開透明

而與這些背後有組織、有結構的中心化穩定幣不同，去中心化穩定幣（如前文提及的算法穩定幣UST、抵押型穩定幣DAI）是另一套截然不同的做法：背後沒有一個能完全左右大局的角色，一切公開、透明、可追溯，單純倚靠信任來維繫整個體系。亦正因整個運作背後無人得益（除了礦工能從中賺到礦工費），令監管機構無從下手，既管不到，亦禁不住。

也就是說，目前的美元穩定幣板塊基本是由中心化穩定幣如USDT、USDC、其他由主權國家發行的穩定幣CBDC，以及去中心化穩定幣如UST和DAI構成。而三國鼎立的局面，亦因而形成。

三國爭霸戰的兩個戰場

第一個戰場是建基於中心化與去中心化的角力，亦即是去中心化的加密貨幣如比特幣對抗中心化的法定貨幣，這時候，去中心化的穩定幣如UST會與加密貨幣「結盟」，相反，慢慢冒起的CBDC會極力拉攏USDT、USDC，將其納入自己的陣營，並慢慢變成受監管、合法合規的金融機構。在這局面之下，不同的美元穩定幣會因其性質不同而遊走於兩邊陣營：中心化的一方權力大，但掣肘多、效率低；去中心化的一方則相對弱勢，不過進步快、效率高。兩派勢力各有法寶，合縱連橫，戰事連連。

至於第二個戰場則是非主權加密貨幣與法定貨幣的對陣。這時候，去中心化的加密貨幣自成一派，對抗的是整個法幣體系。而在個三國關係裡，依附法幣（主要是美元）而生的穩定幣都應被看待為法幣的一方，打一場以成為計算價值單位為最終目標的仗。

圖4.3 穩定幣三國鼎立版圖

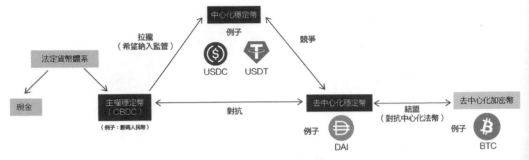

政權難長時間打壓去中心化貨幣

中心化的CBDC要得以普及應用，政權就必須將之定位為
「正統」，從而去打擊所有不是由政權發行的「非正統」數碼
貨幣；這些打擊可分為上中下三路。

上路為打擊源頭，即停止所有礦機的運作。手段離不開
「ESG」——由環境（Environmental）、社會（Social）及治理
（Governance）三個方向出發：對PoW機制的批評其不夠環
保、為社會帶來禍害，而對PoS的則攻擊其治理模式有問題
云云；中路為打擊交易，透過制訂嚴苛政策、用發行牌照作
為武器，令牽涉在交易過程中的關係方很容易墮入法網；下
路則為變現通路。政權會配合銀行，透過如「反洗錢」(AML、

Anti money laundering）、KYC（Know Your Customer）等
名目，動輒將「洗黑錢」的污名加諸到這些交易之上。

可以肯定，這場戰陣中，去中心化貨幣將會面對政權以這三
路攻勢的打壓。然而，以上三招雖然有效，但要長時間維持
這種「正統」，涉及的人力、物力都極大，成本極高，故難以
長時間執行，亦無法禁制人與人的 P2P 交易。換言之，政權
難以長期打壓去中心化貨幣。正如我在第二章所指，監管是
個好東西，我們不是拒絕監管，只怕走的路不倫不類、方向
全錯，要令加密貨幣市場真正健康發展，就必然需要健康且
合理的監管，而非一面倒杜絕。

比特幣的純粹勝其他幣

以上兩個戰場看似可以相互切割，但實情卻是，這兩個戰場
在同步上演，而作為一個抱持去中心化信仰的人，我當然認
為世界最終會走向去中心化，而在這個設定下，比特幣將會
是終極勝利者，「穩定」的定義會被改寫：法幣如美元等都不
再穩定，而比特幣則變得「穩定」，價格波幅不再如現時一樣

大起大落，甚至成為另一套的價格錨定基準；而我們亦會習慣以比特幣本位思維來釐定事物的價格，接受一碗雲吞麵是0.0001BTC，用BTC儲蓄、甚至在收取幣法幣外，會願意或接受支付BTC作為薪水，那美元穩定幣就會完成其歷史責任，謝幕轉身離場。屆時，美元穩定幣作為進入加密貨幣世界的橋樑角色亦會淡化，甚至消失，因為當人人都已能直接入場時，自然就無須倚賴這一過渡產物。而假如到時美元穩定幣仍有存在必要的話，大概就是取替紙張的美元貨幣，問題只是：屆時的發行機構會是私人機構如目前的Tether、Circle等，抑或是政府發行的CBDC？

即使目前區塊鏈發展至今已有五花八門的玩法、各款加密貨幣也有其獲利功能，相比之下，比特幣只有儲值功能，甚至談不上作廣泛應用的流通貨幣，但我仍看好比特幣的原因，正正在於它的「簡單」及「純粹」，後者只是一道算式，公開透明，令人更專注在其本質，創辦人「中本聰」在創辦後完全抽身，令比特幣沒有一個莊家能操縱一切，達致「反人性」的真正去中心化。

其他加密幣非真去中心化

至於其他加密貨幣，由於通脹特性、發行量及背後有公司或組織控制等種種原因，令它們不如比特幣般能真正達到去中心化。即使我同樣看好的以太幣，背後也有機構、有「人」的參與，易受人為因素受影響；此外，針對以太幣弱項而生的各種新幣也一直出現，雖然至今仍沒有人能動搖以太幣的位置，但以一家更好的公司取代現時的王者相對容易，相反，去中心化涉及技術上的困難，同時開發者要決心將控制權完全讓出，難度極大。正因如此，我一直堅信比特幣才是王道。

去中心化的未來看似遙遠，但其實其到來的一天或比我們想像中來得更快——一眾作為「網絡原住民」，對去中心化、加密貨幣持擁抱態度的九十後、正逐漸站穩陣腳的00後，但對去中心化嗤之以鼻的老一輩人終歸有退下的一日。歷史更替、輪換必然出現；當世界再經歷幾次動蕩，一切都會改變。到最後，去中心化加密貨幣與有國家背景的法定貨幣雖然互相不能取代對方，但兩者並存之下，作為用家的你和我就可多一個選擇，擁有自主的貨幣選擇權。

幣圈術語：NFA

Not Financial Advice 的縮寫，中文即是「非財務建議」。通常是一種「免責聲明」，用於有人分享了一個想法，但勸籲別人要自行決定跟隨與否。

NOT FINANCIAL ADVICE

第 5 章

NFT
點止 jpg 咁簡單

5.1 代幣化的數碼檔案

要數 2021 年至今最火熱的加密貨幣應用項目,一定非接連以天價成交的數碼藝術品 NFT 莫屬。隨著熱潮盛行,掀起一場 NFT 是 jpg 圖像檔,還是確有價值的爭論。所謂 NFT,即 Non Fungible Token(非同質化代幣),單從字面出發很難理解,或許就讓我舉一些實際的生活例子吧。

以市面上流通的 10 元鈔票為例,它們外表一樣,屬性一樣,價值一樣,因此我們不會介意與別人交換手中的同等面值鈔票,基於這些「一樣」,流通貨幣就屬於同質化代幣。但如果我手中的 100 元上有名人的親筆簽名,那麼,雖然它的票面價值仍是 100 元,但對我的紀念價值卻大大不同,我自然就不願意和其他人以同等的 100 元價值交換了;又例如寵物,就算你家中的貓與其他貓都是在同一時間出生,屬於同一品種,甚至擁有一樣的外表,但你也不會願意和別人交換,因為在你心目中,自己家中的貓就是與別不同。

NFT 就是這種非同質化特性應用在與區塊鏈科技的一個體現，但 NFT 不只是數碼藝術品交易，從本質上來看，它其實只是一條區塊鏈上的紀錄，而我們可以將這個抹不走，改不了的記錄連結到一個數碼創作之上，至於這些創作的形式，其實可以是文字、圖片、聲音或影片等。

NFT 的想像空間是無限，只要你有一個數碼化的檔案，就可以將它代幣化（Tokenize），生成一個區塊鏈地址，這就完成製作一個 NFT 了。

而作為區塊鏈記錄的 NFT，可以同時解決幾個一直困擾著創作者，甚至互聯網使用者的問題。

區塊鏈紀錄原創者證擁有權

一直以來，我們都很難為互聯網上出現的創作界定擁有權——只要大家喜歡，隨時可以按一按滑鼠右鍵，將網上看到的任何東西儲存在自己的電腦硬盤，直接把別人的創作據為己有，又或者在原作品上加上自己的元素，變成二次創作，而經歷一次又一次下載上傳、添加新元素後，原創者誰

屬，已無從稽考。但當數碼創作應用在區塊鏈元素後，大家就可以追本溯源，知道NFT最初登記的那一條地址，藉此追蹤原創者。不過大家也要記得，區塊鏈只作記錄用途，是不能分辨創作的來源及真偽問題。

目前區塊鏈科技所能證明的原創性和法律並不掛鈎，執法部門不會因為你盜用了不屬於你地址的NFT而採取法律行動，但這個擁有權證明就能讓原創者在將來衍生的價值上可以分一杯羹。

獲取權益的通道

NFT的項目方可以透過地址向每一個數碼創作的持有人發放不同的權益。例如藝人杜汶澤發行的NFT 項目LateDAO，其NFT「嘩嘩娃」的持有人，可透過質押（Staking）嘩嘩娃而獲得Late Token代幣，並在項目預設的場景內消費、換取禮品、參與抽獎，甚至提案討論及投票等。由此，嘩嘩娃其實就是一個權益證明，透過區塊鏈的紀錄，項目方就可以將權益空投予社群，但前提題是持有者必須要質押其資產，

換言之，如果持有者打算在二級市場賣出嘩嘩娃而沒有將其質押，就不會獲得相關權益。

將質押與權益綑綁是維繫區塊鏈社群的普遍做法，情況就有如香港人領取消費券一樣，你必須要在指定時間內於香港居住滿若干日子才有權領取，已經移民的朋友就不能享受這種社群福利了。

交易能炒賣的會員證

NFT 也可以說是新一代的會員證。不少品牌會利用NFT這渠道，以拍賣或直接出售的方式將數碼創作賣出，而持有這些NFT 作品的人就可以享有某些特權，例如可以優先購買限量發售的貨品，又或是終身享用會所設施等。就以美國《時代雜誌》的NFT為例，持有者可以終身免費瀏覽其網站，亦可參與一些獨家活動；又例如在OpenSea搜尋欄中鍵入「會員」一詞，就可找到：某神秘會所的NFT「會員卡」，更指擁有者可尊享「豪華舒適的環境與優質的服務，品嘗各國名酒與雪茄」；還有一張「會員福利禮品卡」，讓持有人可在指定

平台上兌換獎品或課程，甚至直接轉讓此卡予其他人。物以罕為貴，當這些權益變為稀有資源的時候，人人爭相想要購得，客觀效果，就會令NFT的價錢被搶高。

要投資NFT，有兩種方法。一是一手買入，這有些幸運抽獎的成分，但如果要踏足NFT的二手市場，就要了解多一些，知道原來這間公司是這樣運作的，做足資料搜集才投資，會較理想。

現時大部分NFT仍在以太坊平台上交易，投資者買入後就能獲得雙重獲利——NFT及以太幣同時升值。

幣圈術語：White List

在NFT領域裡，White list（白名單）
通常指一個加密貨幣錢包地址被預先
批准在指定時間內鑄造NFT。

幣圈術語：Floor price

Floor Price（地板價）即某一系列
NFT在交易市場中的最低買入價。

Bored Ape Yacht Club
10.0K items **6.4K** items **91.95◆** floor price **594.6K◆** total volume

幣圈術語：破發

「跌破發行價」的簡稱，相信是
所有NFT投資者不希望見到的
字詞。

5.2

是泡沫
還是商機？

談到 NFT 的發展，我認為它將會變得普及，就有如今時今日的電郵地址、域名和網站一樣，問題不是「有或沒有」，而是「有多少」。

的確，NFT 今日被熱炒，但作為炒賣工具的它只是過渡期間的其中一個形態，因為目前的 NFT 充滿神秘感，大部分人仍然對當中的一切依然是一頭霧水：甚麼是元宇宙？為甚麼要買一片（應該說「一點」）虛擬土地？統統不甚了解，只知道它的價錢上升了幾十甚至幾百倍，更不乏一夜暴富的例子，似乎很有炒作空間，所以才紛紛入場。

但先得加個「免責聲明」，市場變化得太快，當你看到這篇文章的時候，大概又會有新玩法了，不過無論如何變，投資這事也是萬變不離其宗，最重要是要審視你買入的東西有沒有內在價值；假如買入的只是一張很貴的 JPG，我勸你不要投資，因為只不過是接火棒的遊戲。

從路線圖觀察發展大計

現階段投資NFT，主要看項目方的路線圖（Roadmap）的理念和前景是否清晰、承諾要給你的價值是否是你所需要的。路線圖就像公司上市前的招股書，讓股民知道該公司的業務性質、未來發展，令股民投下信任一票，項目方應透過過路線圖，讓持有人了解購買NFT後會得到甚麼，項目往後會有甚麼其他發展（看伸延性及應用性）。

2021年NFT市場炒味十足，通常那些甫公開發售便秒速售罄的NFT項目，其路線圖都比較抽象，可能只有短短三兩句便算是了，除了不會具體說明投資者將來可獲的利益外，更往往會將筆墨集中於Web3和元宇宙的未來發展，但他們有否提到NFT的元宇宙在哪裡應用？愈不著邊際就愈好，因為想像空間就愈大，愈容易令人覺得這個項目潛力無限；再加上名人和專業投資者的加持，散戶投資者就算看不懂，猜不透，也會FOMO買入。

不過，即使有些NFT路線圖描繪得相對簡單，但不代表團隊是欠缺誠意，我們又該如何分辨呢？那可以留意團隊的曝光

率，若是認真製作，應該不介意公開自己的公司、名銜，甚至以真臉目亮相。

以大熱的「無聊猿」（BAYC）為例，雖然一開始不過是一幅圖像，但已慢慢變成一個專屬權利：無聊猿做了很多線下活動，例如舉辦「郵輪河」、嘉年華會、邀請持有者討論發展等。如果這團隊只想短線炒作，不會做那麼多額外事情來向持有者展示誠意。此外，團隊亦發行代幣APECoin，定位為連接現實世界和NFT世界消費的橋樑，並將若干份額的APECoin空投予BAYC和其相關的NFT持有人；由於這些NFT持有人均是資深且資本雄厚的玩家，此一空投動作就有如找來這些老手背書，大大增強普羅投資者對此幣的信心，令該幣一度被熱炒。

Discord粉絲數量 判斷超購額

幾乎所有NFT項目也會有專屬的Discord社交群組，但有些參差的群組不時會穿插很多機械人對話，讓群組看起來很熱鬧，因此，群組內的對談質素亦要觀察。還有群組內的在線

與離線人數分別多少，因為粉絲人數直接影響市場需求量，要看 Discord 群組內的話題評估真實粉絲數目。例如有團隊聲稱會發行 1 萬個 NFT，但 Discord 群組內只有 1,000 人，這個 NFT 就未必炒得起了。相反，如果你想賣出 1,000 個 NFT，但 Discord 群組內有 10 萬個真實活躍的成員，基本上可以肯定這項目會被超額認購。

以太坊 NFT 認受性較高

雖然現時有愈來愈多區塊鏈有發行 NFT，例如 Solana、CRO，不過，無論從團隊開發，或是以投資角度看，以太坊區塊鏈是比較看好的，因為以太坊的基礎較為穩固結實，歷史也較悠久，簡單來說就是認受性較高，這會直接影響流通性。團隊想賣出 NFT，在較高認受性下，會增加銷售速度，如果投資者想在二手市場出售 NFT，就更加需要流通性了。

市場情緒也可能影響 NFT 項目。有些投資者對 NFT 不明所以，又擔心自己的投資會虧損，更怕項目方會捲款走人（Rug Pull），可能會在社交媒體上提出質疑，如果項目方不能給

出一個令人滿意的答案時，投資者或其他湊熱鬧的網民或會起哄，形成FUD（Fear, uncertainty, and doubt）的負面情緒，也會刺激到NFT項目，隨時跌穿地板價，投資者要止蝕離場。

「名人效應」或只刺激羊群心態

為應對這些負面情緒，NFT的項目方會投入大量資源在社交媒體維穩，希望能管理好投資者對項目的期望。不過，投資方固然希望獲得項目更多資訊，但諷刺的是，如果項目方寫得太清楚，例如NFT項目路線圖具體地承諾可以換取的利益，你投入10元，將來可獲得20元回報，有數得計，卻會令投資者覺得如「賺飛行里數」，一切交代得太直白，就代表想像空間有限，缺乏令人暴富的瑕想，大家又會提不起興趣，為甚麼？你以為獲一倍回報已是超值，對不起，你低估了投資者的期望，這些項目亦會隨時跌穿地板價。

為了使投資者更有信心，一些NFT的項目方更會利用「名人效應」，邀請名人擔任代言人或投資者，其實說穿了，這些

伎倆只代表投資者對 NFT 沒有足夠的認識，會因為完全不受監管信心不足，但又害怕錯失市值爆升的機會，故只好羊群心態，跟偶像投資。這招之所以奏效，在於投資者認為這些有頭有面的名人不至於會為了小利而欺騙粉絲，但問題是，名人本身又是否有足夠的資訊或知識去辨別事情？這一點，交由大家自行判斷。

個人來説，我當然希望以上這些心態和投資氣氛只是一個短暫現象，就好像 2000 年的科網泡沫一樣，當時，愈聽不懂看不透的項目愈能集資，結果就是市場爆煲，但其實，爆煲就有如一次大淘汰，將只有空話的項目篩走，留下做實事的項目，好些經歷過當年科網泡沫的企業，今天甚至已成為科技巨頭，證明泡沫並不可怕，可怕的是想倚靠泡沫來混好處的空殼。

幣圈術語：AMA

即 Ask me anything，NFT 項目發行方舉行 AMA 活動，讓參與者透過提問而了解該項目和發行團隊和具體規劃。

幣圈術語：Roadmap

路線圖，即 NFT 項目的未來發展路線，可供投資者審視項目是否可行，用意與加密貨幣的 White Paper 相似。

5.3

NFT
會否步 ICO 後塵？

NFT 於 2021 年成為投資界最炙手可熱的「新星」，面對如此強勢的風潮，有人一股腦兒趕入場，有人大加批評，認為如此瘋狂的熱度遲早「爆煲」，當然，更有不少人是一邊鬧，但暗地裡又一邊想方法趕入場⋯⋯

要探討 NFT 會否「爆煲」然後成為歷史？要先回歸到 ICO（Initial Coin Offering，首次代幣發售）為何走入歷史這事。

從蜂擁入場到「ICO 騙局」

假如 ICO 這三字對你來說有如火星文，或令你以為它是茫茫幣海中的其中一種代幣，估計你在 2019 年或以後才開始走入加密貨幣的世界。

簡單來說，ICO 就是透過發行一種新的代幣來為區塊鏈項目籌措資金，用以支付項目往後的營運，而投資者的回報則是

獲得這個新的代幣。正因其操作與股票市場的IPO（首次公開募股）有一定程度相似，故在面世初期，不少人都直接將兩者劃上等號，即使大眾未對ICO深入了解，但仍無阻它在投資市場上的爆炸性發展。2017年，全球ICO項目所募集的資金就高達56億美元。

問題來了，既然ICO的成績如此亮眼，何以它未能在歷史洪流上留下來，甚至惹來是騙局的指控？它的衰敗最少有以下兩個原因。

市場過份熾熱 項目多失敗告終

正如前面所言，ICO所做的就是募集資金供項目發展，為有想法但缺乏資金的創業者提供了簡易融資的新渠道，但正因當時市場過分份熾熱，令不少人錯覺前景一片美好，連跑帶跳衝入市場；最瘋狂時，甚至只需一個網站、一份白皮書，就能吸引投資者乖乖奉上金錢，這令不少團隊沒有認真審視項目的可行性和團隊的執行能力，只顧心口掛個勇字就往前衝。結果，一兩年間，為數不少的項目無疾而終或失敗收場 —— 根據 https://www.bitcoin.com 統計，在2017年共902件的ICO專案中，46%都以失敗告終；其中，142件專

案在籌資前就已經宣告失敗，還有另外276件則在募完錢就消失，完全沒有推出任何產品。再加上所有事情都在區塊鏈世界中匿名發生，團隊要轉身離場所需付上的代價太低，於是，好些本來雄心壯志的項目團隊都因為過程中遇到困難而退卻、離場，縱使原因各不相同，但客觀效果，就成為大眾口中的「ICO是圈錢工具」的「鐵證」，ICO因而蒙上「非法集資」、騙局的陰影，令人對之興趣大減。

炒家推高幣價 政府出手打擊

除了項目及團隊的問題外，炒家在過程中亦有其重要角色：一些項目成功後，令其代幣水漲船高，不少炒家就透過製造話題來推高加密貨幣價格，然後轉手出售賺取厚利，更令ICO變成一場瘋狂的投資遊戲。投資市場的瘋狂局面自然會觸動監管者的神經，結果，各國政府對ICO大力打擊，只需到維基百科有關ICO的頁面上一看，就能看到2017年時，日本、美國、加拿大、中國、香港、中東地區等都有立法來叫停ICO的發展。內外夾攻之下，ICO熱度不再，也逐漸被人遺忘……

NFT是ICO借屍還魂

ICO的發展路徑並不是孤例，2000年前後的dotcom泡沫也類似，同樣是人人湧入場，然後爆破、落幕。而我認為，NFT某程度上就是ICO的借屍還魂，都是以「回報」作招徠，只是「回報」不同：ICO是新發行的代幣（也包括此代幣或會爆升百倍的美好想像）；NFT則是「數碼藝術品」（也包括此「數碼藝術品」或會爆升百倍的美好想像），但說穿了，兩者不同樣也屬「貨幣經濟」（Tokenomic）？然而，如果有心人將兩者的目標都訂為募集資金，容易誤墮法網，因為各地證監組織已留意到部分NFT項目為金融集資產品，以集資為目標來發行NFT，有可能干涉非法集資和需領取相關牌照。

雖然是換湯不換藥，但與ICO相比，NFT已經變得「安全」，原因不在於NFT本身，而在於市場已經有所成長。

與ICO可以隨便用一個網站、一份白皮書就吸引來大量資金相比，NFT項目方的成本明顯較高：需要用時間去經營社群、製作成品、訂立路線圖等，同時，因為項目宣傳的強度往往與曝光率、媒體訪問等成正比，變相令發行者變得受大

眾注目，眾目睽睽之下一離場的成本亦變得較高。同時，投資者亦因為見證過ICO的圈錢伎倆，用錢買過教訓，在審視NFT項目時亦會變得小心，懂得由團隊背景、路線圖、項目社群的質素等出發，認真思考後才下注。

科技發達 造就NFT比ICO安全

此外，資訊愈趨透明，同樣也是市場成長的一大關鍵。就如我在二十多年前買賣股票的經驗為例，要得知股票價格，就得到報紙檔買報紙，翻開財經版後，如查字典一樣找出某隻股票的價位，及後出現的股票經紀、股票機，到今時今日每人都可以用電話即時查股價……若市場資訊的有限度流通和不透明，會大大拉長了投資者的學習時間。但科技發展令資訊變得開放、透明，投資者學習的成本減低、時間縮短，亦自然更快和更容易成長。正是這眾多因素，NFT變得「安全」，又或者換個角度看，是市場上的人需要及已經變得聰明，不再隨便相信點石成金、一夜暴富的神話。

資本市場的發展永遠會比實際市場領先幾個階段，當資金需要出路，而科技發展需要時間作研發、驗證、從錯誤中修

正、成長等。所以，「NFT會否長青」這問題，很難説準，但就算NFT消失，他日也可能出現其他以區塊鏈技術作包裝的集資方式，你方唱罷我登場，這階段必然出現，問題只是持續多久，而大浪淘過後留下的又是甚麼。

幣圈術語：Rug Pull

字面直譯為「拉地毯」，延伸意為加密產業中常見的項目方捲款跑路的現象。

↘

幣圈術語：OG

Original Gangster 的縮寫，在 NFT 的世界
裡是指很早就進入這個圈子並獲得尊敬的元
老級人物。

↘

幣圈術語：IRL

In real life 的縮寫，「真實世界」的意思，通常指 OpenSea、
Twitter 及 Discord 等加密貨幣圈子以外的世界。

5.4 幣圈熊市下的
實際應用：威士忌NFT

2022年6月執筆此書之際，幣市急瀉。比特幣幣價不斷下探，不同加密貨幣企業的壞消息接續出現，幣圈中人無不人心惶惶，急問「何時會觸底反彈」、「熊市何時完結」，甚至後悔涉足市場，直呼要回歸法幣世界懷抱。

熊市令人煎熬是不爭的事實，但當熊市的慘況令人自我質疑、發愁之際，它同時亦是一塊最具威力的試金石，為市場淘走沙石。最近參與的一項NFT投資，更令我確信此事，因為除了炒賣外，一些實際的區塊鏈應用已經誕生。

既買實物 又享權利

事緣我對飲食素有要求，不遺餘力尋覓美食美酒，因此結識到某外地威士忌酒莊的傳人，當然亦成為了其客戶，購入原桶威士忌。一般而言，這些原桶威士忌的買賣需歷經以下流

程：選擇酒莊後與其接洽、選定酒後釐定原桶的擁有權，委託代理人處理相關的行政手續。買入的原桶威士忌可存放於酒莊內，待價而沽，亦可選擇裝入酒樽後運送回港享用，正是這些繁複流程令我萌生了有關威士忌NFT的想法。

一般情況下，一桶酒可以製造約400支威士忌，酒莊對應製作400個威士忌NFT，每個NFT的持有者，有如持有一桶酒1/400的擁有權。這400個威士忌NFT持有人，每月可以投票決定該桶熟成威士忌轉移到哪一款木桶（這會影響酒的口味）。此外，這個威士忌NFT之下亦附帶12個子NFT，每一個子NFT可於每月換領一支威士忌，為期12個月。

換言之，這個「威士忌NFT」其實是一個組合NFT，包括共12支威士忌換領憑證，再加一個威士忌DAO（Decentralized Autonomous Organization，去中心化自治組織）的入場券，每個月投票決定一個「轉桶」方案。而且，持有人更可在二手市場中放售這NFT，隨時離場。

但威士忌NFT的意義不只於此，而在於它帶來的三贏局面。

發行人：邊際成本低但享受額外收益

對酒莊（即NFT發行人）來說，威士忌NFT的好處體現於它的「實際」。

這個「實際」有雙重意義。一是它滿足了投資者在熊市期間對「實際」的渴求。當幣價高漲，市場氣氛熾熱時，大家對Web 3、元宇宙（Metaverse）、虛擬土地等概念雖是不甚了解，但因為市況好，交投活躍，根本就不介意這當中是甚麼把戲。然而，熊市當前，投資者變得謹慎，以往那套「持有NFT可以在虛擬世界擁有若干權利」、「參與設計下一個產品」等說法不再吸引，加上區塊鏈一向被詬病與現實世界脫離，眾多因素結合，投資人就會望而卻步。威士忌NFT改變了遊戲玩法，除了十二支實實在在的威士忌外，更利用區塊鏈技術，以智能合約取代了冗長的法律、行政、審計程序，減省了買賣過程中的繁瑣事務，方便了買賣雙方。再者，由於跳過了這些繁複程序，以往局限在專業投資者的小圈子市場得以擴大；入場門檻降低，市場一下子變大。

二是它為發行人提供了實際收益。試想像，即使沒有威士忌

NFT，酒莊照樣要造酒、賣酒，與不同買家接洽合約內容、處理不同顧客要求將酒入樽和運送的記錄……然而，當NFT出現，行政程序、兌換記錄等都交由科技代勞，無須勞心勞力，已是收益所在。但更大更實際的收益為NFT的「版稅」（Royalty）——以往酒莊在將酒送出門口後，這支威士忌的去向已基本與它無關，但在NFT領域，每次NFT被轉售，發行人都能獲得若干百分比的版稅，整個分成、支付過程由智能合約自動執行。換言之，酒莊發行NFT後，無需額外付出太多成本就可享受「長尾效應」帶來之收益。邊際成本低而潛在回報大，何樂而不為？

消費者：入場易、獲益多、放售快

在消費者的角度，威士忌NFT的好處亦不少。以往購買原桶威士忌只是一件相當小眾的事，參與的人少、懂的人亦不多，難以分享，更遑論炫耀。但威士忌與NFT結合，一般人只需歷經簡單的NFT交易流程即可參與，入場易的同時，更可將該NFT放於社交平台與人分享及炫耀。而如前面所述，買入NFT亦等於成為威士忌DAO一員，能與社群中的不同成員交流、分享各自對威士忌的心得；耳濡目染之下，更可

增長自己對威士忌的認識。此乃買入 NFT 的第二個好處。

最後就是轉手容易，以往買入原桶威士忌後，往往難以放售予其他買家，因為各投資人之間互不認識，更無交集，要放售轉手只得經過中介或碰運氣，難度頗高。威士忌 NFT 和相應的 DAO 則連結起一定數目的潛在買家，加上所有兌換都被區塊鏈所記錄，即是社群中人能掌握該批酒的消耗情況。想將自己本來擁有的一支用作收藏但又心動想一嘗美酒？只需看看鏈上記錄就能知道誰是潛在賣家，交易透明化。一買一賣因此變得容易。

更重要的是，這威士忌 NFT 有其二手市場。假如你覺得以上三個好處都不足以令你繼續持有這 NFT，大可將它出售。這 NFT 所附帶可換領威士忌的數目會令其價錢有所承托，甚至有升值潛力，消費者要背負的風險不大。

監管方：樂見其成

對政府或監管機構而言，威士忌 NFT 只是買賣，過程中不涉及集資，更沒有任何灰色地帶。它的出現，只是單純地應用科技而令跨國貿易變得便捷。整個過程並無顛覆任何生態，

反而將本來的小圈子遊戲變得普及。而且整個買賣公開透明，商家能享受市場擴大的好處，多做生意；消費者亦可買得實際商品，亦可隨時變賣。面對如此景象，監管方理應樂見其成，甚至加以推進，玉成其事。

抹去牛市亢奮 做落地實事

聽罷這三贏局面，酒莊傳人馬上接納，開展計劃。但換著在牛市，這一計劃卻肯定會因為其「實際」而乏人問津。原因是它涉及存貨、生產、買賣等商業流程，成本相對高，上望空間亦不是大家渴求的「100倍回報」；更不可能單靠技術人員寫寫程式，名人站台加持就可成事。相反，如此實際的應用在熊市卻有其市場，我亦相信，除威士忌外，其他行業、產品都適用。而向來喜歡研究業務模型，不時思考如何用科技去銜接傳統、為老牌企業轉型的我亦為著自己的參與而相當興奮，決定投資我的腦袋、對區塊鏈技術的認識以及過程中的技術開發成本。

過去兩年，牛市的亢奮令區塊鏈、NFT等事被廣泛討論。

大家未必能在投資市場中獲利，卻因為這些內容的高討論度而對它的特性，如「不可篡改」、「獨一無二」等有所認識，甚至開始思考如何將其融入業務，達開源節流之效。熊市的到來更是提供了一個殘忍的外在環境，一方面屠殺一些沒有實力留下的應用或企業，另一方面，則加快了大家研究落地NFT、區塊鏈應用的步伐。因為在極端市況，只有能真正落地，令投資者感覺「實在」的產品，才可彰顯出價值，熬過寒冬。所以，這類落地NFT的出現，只會越來越多。

熊市為市場去蕪存菁

作為一個早期投身加密貨幣世界的人，再一次面對熊市，心情複雜。看著在過去一兩年進場的朋友為手持的幣種大貶值而發愁，作為朋友的我自然不好過。但作為一個見證過幣市牛熊更替、不同科技浪潮的人，卻會為熊市到來而心安。須知道，沒有一個市場能長盛不衰，週期循環必然出現，每次出現都會令市場走向更健康的狀態。而且，無論人們是否喜歡加密貨幣，都必得接受一件事：現代社會，沒有一樣事物可以與科技脫鈎，問題只是科技如何融入其中，區塊鏈作為

科技大趨勢，融入生活已經不是未來式，是現在進行式。

投資市場中必然有泡沫，但泡沫不一定是壞，因為沒有它，
就不能做到去蕪存菁，留下真正有實力的東西。

第 **6** 章

自己資產
自己管

6.1 冷熱錢包的正確使用法

從小到大，我們都生活在一個中心化的世界，習慣事事都都有「人」為自己管理，甚至連管理自己資產的責任也交由這些「人」來代勞。這些「人」是誰？說穿了，就是一個又一個中心化的機構和組織。我們丟了身分證可以到政府部門重新申請，忘了提款卡密碼亦可以到銀行補領，就算是各種網站的帳號和密碼，其實也有一個中心化的數據庫儲存，只要你按上「忘記密碼」，便可以輕鬆重設。換句話說，我們已經習慣了把管理個人信息訊息和財產的交托給一個值得信任的中心化機構代為保管，即把管理的責任轉移給具有權威性的機構，機構規模愈大，我們對它的信任就愈大。

但當你見識過去中心化和數字資產比特幣的好處之後，極有可能想逐步離開傳統金融體制，將資產由中心化的托管世界轉移到去中心化的區塊鏈世界，自己的錢自己負責。這事聽起來多麼美好，多麼自由，但我有責任提醒你，你要知道當中所包含的風險和責任。

正如我在之前的章節提到，每一個加密資產投資方法無論有幾誘人，利益有多好，我仍會強調它們的風險，要大家留意，亦即去中心化也有它的風險，而且很大。

遇損失或投訴無門

相信大家都曾經聽聞過交易所被黑客入侵，損失大量比特幣，又或者智能合約被攻擊，用戶的所有資產被盜走等等的新聞。這些事故中，固然牽涉到技術風險，但更多的其實是人為操作失誤而引致的損失，換言之，絕對是可以避免。

必須知道，當你的錢包被黑客盜用或者因為你自己操作不慎而導致損失，你可能是投訴無門的！你在「去中心化」的世界招致損失時，別以為你能夠像以往一樣去報警，先是警方未必會受理；就算受理，當中多數牽涉跨境犯罪，執法部門亦無從入手——哪怕是FBI，也可能束手無策。

換言之，有權利就有責任，我們不能夠要事事盡如己意，又要馬兒好又要馬兒不吃草，貪圖去中心化的好處但忘記當中

的義務，學會了自己管理自己的財產之後，就要為自己的每一個動作完全負責。所以，這其實是個非常重大的決定，絕對不能輕率。

以多個冷錢包分散資產

數百港元一個的硬體冷錢包（Cold Wallet）可以解決很多問題。在買賣之後，應該把資產轉移到自己的冷錢包。加密貨幣資產其實不是直接存放於錢包之內，錢包只是一個地址，讓你可以接受別人給你的數碼資產，而通過私鑰（Private Key），你亦可以透過該地址把數碼資產轉讓或交易給其他人，而所謂冷錢包，是因為不使用時是離線狀態，因此絕對安全。

區塊鏈項目百花齊放，很多加密貨幣都會開發屬於自己的錢包，當中大部分都會先開發與瀏覽器相連接的熱錢包（Hot Wallet），例如Keplr、Phantom、Yoroi等，它們多數都能兼容現時最流行的冷錢包Ledger。但大家千萬別貪方便而把資產都儲存在這些錢包，寧可麻煩一點，即使每次使用時都要多做幾個步驟才可把冷錢包連上，也要將資產留在冷錢包。

使用冷錢包，最安全的方法，就是盡量分開自己的數碼資產，一些謹慎的朋友甚至會將資產切割得極細微：放售的NFT放在A錢包、收藏的NFT則在B錢包、收藏的幣在C錢包，然後，幣亦會再根據幣種而分開錢包，以太幣放在D錢包、比特幣放在E錢包，實行「一幣一錢包」；部分朋友甚至會分開領取空投與操作這些空投幣的錢包，有多細就分得多細。有人或會覺得這樣做相當麻煩，而且成本高，但其實，想要安全就一定要忍受麻煩；想要安全就一定要花錢，尤其是當你希望將財產逐步由法定貨幣轉為數碼字資產時，就更有必要將資產分開，好好管理。

簡單來說，就是不要將比特幣、以太幣、NFT等所有資產都放在同一個錢包，慎防一不留神操作錯誤，所有資產都會被人一下子偷光。

熱錢包只作日常交易使用

如果說冷錢包就等於家中的保險箱，你總不會整天拖著保險箱到處去吧？因此，除了冷錢包外，你需要提取部分份的資產到在線的錢包，亦即熱錢包（Hot Wallet），方便日常使用和隨時作進行交易所以外的買賣，如NFT。即使沒有使用冷錢包，也盡量每隔一段時間就登入熱錢包檢視資產並更新錢包軟件，確保自己的版本是最新最安全的。

目前，市場上最受歡迎的熱錢包應該是MetaMask，而我亦同時會用Trust Wallet和Argent。與冷錢包同理，將資產愈分散放於不同熱錢包，管理就愈麻煩，而且每次將款項轉來轉去時都要支付礦工費，但我就寧願多支付一些交易費用，亦要保障自己的安全。而且在不同的用戶場景，不同的錢包各有優勢；這其實就有如在法定貨幣的世界裡，我們亦會把錢放在幾間銀行、家裡的保險箱、自己的錢包、還有抽屜內那些零錢，無他，只是為了方便自己。

在數碼貨幣的世界也是一樣，當你習慣了同時擁有幾種不同的數字資產和參與了各種類型的投資之後，你自然就會習慣

使用各種錢包，甚至乎會愛上它們，因為要處理這些資產時，你不需要花時間到銀行排隊，不需要接聽銀行的銷售電話，更不需要接受銀行代表的連串質詢，到有一天，你對某一種幣生厭時，亦總有一種方便的方法，讓你隨時轉換成將它換成你喜愛的加密貨幣。

交易所不是錢包

顧名思義，交易所只是交易的媒介，買賣之後，你應該將資產轉至自己的冷錢包，但大部分人為了方便，會將交易所當作銀行，甚至當成自己錢包使用，但這是很高風險的，除了上文所說的黑客入侵交易所招致損失外，中心化交易所的成立，需達致一定程度的合法合規，這方面與銀行相似——在面對執法機構的行動時，交易所會協助調查，或需凍結帳戶的資金進出（如內地交易所AOFEX），及可能將帳戶的資金出入紀錄呈交司法機構，這些情況你必須考慮，經過過去幾年，相信你已體會到，即使自以為做一個良好公民，不代表你的資金便會安全。

另一邊廂，要知道目前很多交易所都不直接受法規監管，所以，當交易所出現問題時，你不可能像平日消費一樣，到消費者委員會、海關等部門投訴，更有甚者，連投訴電話也欠奉，一想到這些，你還會放心將所有資產放在交易所？

另外，亦有人會盲目信任「名牌」，認為大公司就一定可靠，但過去十年來，幾乎大部分交易所都曾經被黑客攻擊或偷取過資產，亦有出現監守自盜的例子，就如南韓的加密貨幣交易所Coinbin就因高層監守自盜而損失293億韓元，最後只可申請破產。由此可見，交易所再大再悠久，也根本沒有百分百的安全。正因如此，我們只應該把需要交易的金額留在交易所，即使不幸出事，也不致會全盤損失。

去中心化是個嶄新的概念，習慣了中心化管理的我們都需要一段時間去適應。緊記，在區塊鏈的世界裡，一切的責任不在平台，不在工具，而在自己。使用中心化交易所的用戶體驗與股票交易平台十分類似，雖然一般而言，這些交易所沒有客戶服務熱線，亦沒有門市分行，但萬一丟失密碼或者操作上遇上困難，你仍可以透過應用程式內的實時通訊軟件或電郵求助。但如果你使用的是冷錢包或者完全去中心化管理

的交易平台,操作門檻就高得多了,萬一丟失密碼和24個字的助記詞(Recovery Phrase),世界上就恐怕沒有人可以幫到你了。

幣圈術語:私鑰 (Private Key)

私鑰是一段由電腦隨機誕生的亂碼,代表著錢包的所有權。Not your key, not your coin。擁有私鑰才是能打開加密貨幣錢包,才是真正擁有屬於你的數碼字資產,但有權利則有責任,而責任全在你自己,我們需要為每一個操作完全負責,如果你未準備好負上這個責任,去中心化管理恐怕不適合你。

6.2 加密貨幣 怎樣買賣才安全

如果與前文所言，大部分事故都源於人為操作的疏失，那麼，如何買賣加密貨幣，是最安全呢？

私人交易 過程簡單直接

要購買加密貨幣，最直接而又簡單的就是私人交易——即個人與個人間的交，不涉任何中間人。加密貨幣是去中心化的資產，它的本質就是讓個人與個人可以隨時以任何一種加密資產去兌換另一種加密資產，當中不需要經過一個類似銀行的中間人。

個人與個人之間的交易才是所有交易的根本，只是因為物理阻隔以及因發款和交貨次序而衍生的信任問題，銀行作為中間人的角色才具有價值，但既然區塊鏈技術的出現已能解決有關信任的問題，那麼，私人交易就成為了最直接的交易模式。

舉例說，如果你手上有以太幣，然後想將它轉換為比特幣，你可以和另一個想把比特幣轉換成以太幣的人交易，也可以是直接用法定貨幣，例如美元、港元等，去和一些願意把比特幣或以太幣轉換為法定貨幣的人去交易。換言之，只需找到想要買幣或賣幣的朋友，數分鐘內就可完成整個交易，過程簡單直接。

避免與陌生人交易

這種方便快捷亦解釋了何以幣市急跌或急升時，個人的穩定幣交易都會急增，原因就在於方便——即使是夜半三更，那些實體加密貨幣兌換店都關門時，只要找到人賣幣，你仍可買幣，把握時機。而整個交易流程亦十分簡單：只需在社交平台、討論區或其他幣圈人士聚集的社群聯絡到有興趣與你交易的買/賣家，自行商議好價錢和付款方法，再按協議好的一套進行即可，並不牽涉太多固定程序。

但我不建議你和陌生人以現金去交易加密貨幣。大家不時看到有人因為以大額現金交易加密貨幣而被搶劫、被綁架、禁錮等報道，很多人見到此類新聞，就會將問題歸咎於加密貨

幣，認為其不安全、沒有監管等等，繼續用這些老生常談的說法去解讀事情。但其實一宗又一宗騙案的出現，銀行亦需要負起部分責任。須知道，在銀行體系未承認加密貨幣系統時，當我們以私人名義去動用銀行存款交易加密貨幣，一旦被銀行發現這些交易，或會封鎖或關閉帳戶，哪怕是最「寬容」的處理方法，也會不斷追問這些轉賬目的，揚言會「繼續關注」、「有需要時會再追查」云云。面對銀行的諸多阻撓，有些人索性欺騙銀行以換取方便，甚至不惜製造虛假文件，為了交易加密貨幣，犯上了刑事罪行自己也不知道……

交易穩定幣 再買入心儀貨幣

正因如此，不少人遂選擇以現金交易，務求減卻這些日後被銀行對付的風險。立心不良的人看中人們這種「逃避銀行」的心態，就會加以利用：開出一些比較有利的條件，譬如以低於市場價格的匯率賣出大額的穩定幣去吸引顧客，然後待雙方見面時便以暴力的手法去搶走現金或者加密貨幣。事發之後，很多人因為怕麻煩或者害怕被別人恥笑，往往都不敢聲張；所以我相信在新聞裡看到的個案只是冰山一角，實際的受害人數相信非常之多。

因此，如果需要私人交易加密貨幣，我只建議和相熟的朋友買賣，而且金額不適宜太大，講錢傷感情，如果交易的幣種是一些波動性很大的貨幣，亦會因為匯率的問題弄得雙方都可能有些尷尬，所以最好只買入穩定幣，然後自己在交易所內再定價去買入自己的心儀貨幣，最後將資產存入冷錢包。

如果通過交易所的C2C（Customer to Customer）功能，即個人對個人交易，也有需要留心的地方。若你作為賣方，切記要等待現金到了銀行戶口後才放幣，因為有些不法之徒會偽造銀行入數紙後傳予你作證明，繼而不斷催促你放幣，待你放幣後他就會逃之夭夭。類似的手法十分普遍，相關的交易所當然不會付上責任，大家務必注意。

選擇交易所的四個原則

在交易所開設帳戶並不需要任何費用，有時甚至可以獲得不少優惠，因此我認為應該多開幾個，但不一定要存幣，那麼，我們選擇在交易所開設戶口時，應考慮以下原則：

1. 買賣的幣種要夠多

目前全球可以公開買賣的加密貨幣已經超過 10,000 種，但並沒有一間交易所可以囊括所有幣種的交易對（Trading Pair），但用戶數目和交易量多的交易，所提供的流動性也比較多，滑價（Slippage）情況亦較少，代表你要買的時候有貨供給，要賣的時候亦有人接貨，這一點最為重要。

此外要注意，交易所提供的幣種並非永遠不變。就如 2022 年 5 月時，幣安就曾因 LUNA 幣價的極大跌幅而數度調整價格變動單位，更曾將 LUNA 的不同交易對下架和停止交易，導致不少手持 LUNA 並放於該交易所的投資人進退不得……雖然最後幣安有將交易對重新上架，但由此已可發現，在交易所的規矩面前，散戶的話說權不多，甚至只可無奈接受。

2. 提幣速度要夠快

有些交易所的提幣自動化做得不夠完善，為了保障雙方的安全，每一次提幣，交易所都會要求客戶核實身分，包括提供證件、多重驗證、回覆郵件，甚至接聽電話等等，諸多程序拖長了提幣的時間。

此外，現在有眾多區塊鏈，每條鏈各有其技術門檻，更新速度也愈來愈快，交易所為了配合每一條區塊鏈的技術升級，其實也疲於奔命，故為了處理方便，有些交易所並不支援連接某區塊鏈的錢包，換言之，只可以供你買賣該幣，而不能提幣，這一點，大家交易時請務必注意。

3. 客戶服務有效率

因為現時大部分的加密貨幣交易所都不受法規監管，他們投入在客戶服務的資源未必多，一般只會提供電郵或者即時通訊軟件的服務，大多外地的交易所只會提供英語的客服，遇上操作困難時，很常會求助無門，所以客戶服務的回饋速度和誠意，對加密貨幣投資新手尤其重要。

不少交易所的客戶服務員更是人工智能，只懂將你指向其官方網站內的常見問題頁面，讓你自己去找尋答案。我會把這類交易所打入黑名單。相反，如果交易所的客戶服務員會主動以電話聯絡，盡量用心去幫你解決問題，我會無限加分；當然，接聽這些電話時，必須小心核實對方身分，以免被釣魚電郵、電話盯上而洩露個人資料。

4. 交易所背景要真實

雖說各地政府對加密貨幣交易所的監管取態不一，但選擇交易所時，也要細心核對宣傳文案上所說的資料是否與現實相符，例如要查證是否真有在某國註冊、真的會受某地方的法規監管等，以免被「掛羊頭賣狗肉」的壞分子欺騙。最簡單的方法是看看交易所有否做好官方網站，以及觀察Twitter和Telegram官方帳戶的網民評價，也要留意平台如何處理用戶的查詢，由回答的內容和速度來判別它們是否認真處理。

目前全球最多人使用，交易額亦最大的交易所是由有加拿大籍華人趙長鵬創辦的幣安（Binance）。除幣安以外，FTX（FTX Trading Limited）也是很多人也喜愛使用的交易所之一；如果你是美國人，更可以考慮使用在納斯達克交易所上市的Coinbase。箇中原因，在於這三家交易所提供的交易對相對較多、背景透明，亦有心做好客戶服務。

題外話，我個人本來頗為看好Coinbase股價。事關美國買賣加密貨幣需要繳交相關稅款，投資者要提供一個齊整的紀錄去證明自己是在合法受監管的交易所內進行買賣，因此，

大機構，上市公司，家族基金等等都樂意付出高一點的手續費在Coinbase進行買賣，故它有其長期發展的良好基礎。只是，在2022年4、5月時，熊市突然來臨，不少人因損失而大興訴訟或調走資金，加上成交額因市場走勢而銳減，故Coinbase股價短期內亦難以回復初上市一年內，因四出收購時所達致的活躍水平。

開戶兩個安全事項

在開設帳戶時，需留意以下兩安全事項：

1.不宜用護照開戶

每家交易所對新客戶的KYC（認識你的顧客）（Know Your Customer）要求都差不多，不外乎是身分證明文件、電話、電郵等等，但當你交易增多、資產增多、提幣金額愈來愈大的時候，就會被要求進行進階的KYC，例如要提供住址證明、資金收入來源等。因此當你開設交易所帳戶時，務必注意你使用的身分證明文件要和你的住址證明文件上姓名必須一致，如果你用的是身分證，身分證號碼一般是不會改變

的;但如果你使用護照開設交易所帳戶,你便需要額外留意了,因為每次換護照時,護照號碼都會改變,而當你被要求進階 KYC 時,如果你出示的護照號碼和你當初申請時的護照不一致,很可能會造成不便。

2. 提款需設立雙因子驗證(2FA)

當你在交易所開設帳戶的時候,一般都不會要求設置雙因子驗證(Two-factor authentication, 2FA),但買賣一段時間後,當你提幣時,就一定需要設立雙因子驗證,取得密碼後才可繼續操作,由於現時的黑客非常猖獗,甚至已經成為一種有規模且回報極高的產業,所以我們必須要好好保護自己。雙因子驗證是一個簡單而必須的環節,我建議所以無論是你的電郵、社交媒體帳戶、銀行戶口和,加密貨幣戶口等等,都必須要設定。

3. 開設多個帳戶 搶時間優勢

正如我在一開始所言,應盡量在不同交易所開設帳戶,不一定要存幣。此用意在於有突發需要時,能夠即時交易,省卻

註冊帳戶、KYC 驗證的時間。目前，世界上並沒有一家交易所有提供所有幣種的交易對，一旦你因領取空投或別人送贈而獲得某幣種，但這幣又只在某指定交易所上架，這重準備功夫就讓你能緊貼市場走勢，在最短時間作交易。

截至執筆之時，香港只有一間持牌的數字貨幣交易所 OSL，即是其運作完全受法例監管。對，只此一間！因為加密貨幣目前的價格波動性仍然相當大，散戶稍一不慎，隨時損手爛腳，繼而發酵成社會事件；所以，香港的監管機構絕對不想（至少現階段如此）一眾散戶堂而皇之把銀行的存款轉去買賣加密貨幣，故目前也只限專業投資者（流動資產超過 800 萬港元，不包括物業）才可以在持牌的數字貨幣交易所開設帳戶。

但這也引伸另一個問題，何以有錢人可以正規地從銀行以法定貨幣去購買加密貨幣，享受這種新興資產的潛在投資回報，而想藉此向上流動的基層仍然要偷偷摸摸地背著銀行以私人交易或境外交易所進行買賣？這一安排非但不公平，更不合理。但以目前內地政府對於加密貨幣投資的態度來看，

相信這個情況在短期內都不會改變——原本有傳香港證監會會多批出幾個牌照，透過良性的市場競爭去改善服務，但直至執筆這刻，此事仍然是只聞樓梯響。

幣圈術語：OTC

Over The Counter，場外交易，即是在交易中心以外的自由市場進行買賣，通常是以法定貨幣兌換加密貨幣。

6.3

避開陷阱
安全第一

加密貨幣和 NFT 市場大熱，不但成交金額屢創新高，而且幾乎每隔一段時間會有大型 NFT 項目推出，令人目不暇給。但當投資者賺得不亦樂乎時，也容易忽視了很多保安問題，但黑客手法其實來來去去都離不開釣魚攻擊（Phishing）譬如釣魚郵件、釣魚 SMS 等，即是黑客冒認平台向用戶發出電郵或 SMS，不少用戶不虞有詐，按照指示乖乖連結錢包，授權 $0 的交易，而獲得授權後，黑客就能予取予攜，導致自己的加密貨幣資產及 NFT 收藏被偷走。

根據公開資料，單是 2022 年 2 月，OpenSea 平台上已有超過 2 億美元的 NFT 收藏品被偷走，而要數目前最廣為人知的案例，相信就是台灣天王級歌手周杰倫的「無聊猿（Bored Ape Yacht Club, BAYC）#3738」被盜，在 5 分鐘後，攻擊者已將該 NFT 轉移到自己的錢包地址，極速放售。

辨識釣魚攻擊

除了釣魚電郵外，更有釣魚SMS——你會收到一個疑似OpenSea平台發出的短訊，要求你點擊連結認證錢包，但一旦你按下連結，就會被告知錢包已被暫停使用，需要輸入12個字詞的 Recovery phrase 來認證身分。心水清的讀者相信已經知道問題所在：OpenSea為何會有你的電話號碼？而且，作為NFT交易平台又何以會要求你提供助記詞？這有如有人冒充銀行職員致電給你，要求你提供銀行賬戶密碼。其實，只要稍為冷靜思考，都不會上當，但偏偏中計的人不少⋯⋯

要分辨釣魚電郵，最簡單的方法就是檢查電郵或SMS寄件者的域名：看其是否一個古怪的域名抑或真與官方網站的域名相同。例如，OpenSea的域名是OpenSea.io，但出現在釣魚電郵的域名可能是Openseaio.com，細心觀察就會發現問題。萬一有疑惑，不妨直接複製該寄件者之域名，再到搜尋引擎查看其連結的網站，這樣一來，中招機會就會減低。我也推薦大家要追蹤公司的官方Twitter帳戶，例如OpenSea

的Twitter官方帳戶會持續發放資訊,公開釣魚網站的資料來提醒用戶。

另外,就算真是官方所發的電郵,我亦建議大家不要直接按下電郵內的連結,而是另開瀏覽器後前往官方網站,在官方網站才進行需要操作的程序,以策安全。

勿貪便宜 授權細則易藏陷阱

黑客相當掌握人們貪小便宜的心態,所以,有些騙徒會製作精美網站,聲稱有新發行的加密貨幣可以送給擁有加密貨幣的用戶(即俗稱的「空投」),貪心的人一看:嘩,執輸行頭慘過敗家呀!一見到有空投項目,而且領取空投的截止時間快到了,就會連忙連結錢包,然後授權了一些有大量陷阱的智能合約,最後,不但沒有獲得想像中的空投,更招致損失。

老生常談當然是要大家盡量留心智能合約的授權細則,不過每人的資訊科技知識不一,且時間有限,未必能看懂中伏位,在此,為大家介紹https://etherscan.io/,這是以太坊

官方的數據網站，只要輸入ETH地址便會顯示你現在參與的智能合約、授權金額多少，一查之下，你或會發現自己「無限授權」了大量很多合約和網站，一旦授權平台背後的智能合約有漏洞、或是駭客使用釣魚網站時，不法份子就可透過這些「無限授權」而盜用或轉移你的資產。假如是這樣，網站亦有一些工具可讓你作修改以撤銷授權（Revoke），但要留意，這些在區塊鏈上的操作全部都需要付出礦工費。

勿用同一密碼走天下

「忘記密碼」在中心化的世界是件小事，但在去中心化的世界卻是世界末日，而有遭遇者，大有人在。根據區塊鏈分析公司Chainalysis估計，全球目前約有20%的比特幣因為持有人忘記密碼而會在這個世上永遠消失，無法使用。

因此，有些人在註冊不同的交易所帳戶時，會以一組密碼走天下。不過既然開設多個帳戶就是為了分散風險，假如仍然用一組登入密碼，某程度上就會減卻了本身的意義，因為，黑客只需要取得一組密碼，就如入無人之境，盡取你在不同交易所中放置的資產。

妥善保管助記詞

前文提及，當你註冊一個新的加密貨幣錢包，系統都會出現提示，要求你記下 12 或 24 個英文助記詞（Recovery phrase 或 Seed phrase），之後還要檢驗一番你是否記下了這些單詞，通過檢驗後才能生成錢包地址。雖然只是簡單的英文單詞，但決定了誰有權支配該錢包地址下的加密貨幣資產——任何人只要獲得擁有這些助記詞，即可打開你的錢包，並控制內裡的資產。

若你使用的冷錢包損壞或丟失，你都可將助記詞重新在任何品牌的冷錢包輸入，你的私鑰便可以出現在新的冷錢包內。

有些人圖方便，隨手用手機記下助記詞，不過這等於把家中的夾萬鑰匙隨身攜帶一樣危險；一旦遺失電話，就等於將錢包及內裡的加密貨幣資產也一併丟失。其實，最理想的做法是用紙筆寫下然後收藏在安全的地方，如銀行保險箱、夾萬等；部分人甚至覺得紙張未夠安全，特意購入「金屬助記詞板」。我認為，這些都是個人選擇，沒有優劣之分，但重點是要確保助記詞妥善地保管好。緊記：這是比密碼還更重要的最後防線，絕不是鬧著玩的！

備份 2FA 避免無法登入帳戶

前文提及，2FA（雙因子認證）是在交易所開設帳戶時一個重要的步驟。2FA能有效保護自己，即使電腦或者手機被黑客入侵，也能充當最後的保安防線。但不少人設置2FA以後卻沒有將之備份，反而令2FA變成一個煩惱的根源——一旦你遺失電話，就會因未能通過2FA而無法登入交易所，更遑論提幣或其他操作；屆時就算能聯絡客戶服務而成功解決問題，也需歷經一輪折騰……

要備份2FA，可以採用Authy（https://authy.com）。Authy支援不同平台和裝置（電話及電腦），更可以在多個裝置同時使用，2FA自動雲端備份，即使遺失電話，亦可避免無法登入帳戶的窘境；另外，也可在設定2FA時，像記下助記詞，將平台提供的一串符碼抄下並保存，以便有需要時再於新裝置手動輸入。

財不可以露眼

你在現實生活中不會無緣無故地將自己的銀行戶口、存款詳情等公諸於世，那同樣地，你的加密貨幣錢包也應該好好收藏，不要到處炫耀，將內裡的幣種和數值公開。畢竟錢包的保安程度再高，也難阻有心人的刻意盤算。

由於偷取數碼資產的回報大、風險相對較小——就算你能追查到黑客的錢包地址，亦難以追查到真實身分，加上目前的執法部門未有相應的制度去介入這些案件，各種原因綜合起來，令盜取數碼字資產一事發展成產業，有些人甚至會集資聘請黑客高手進行。

要緊記，安全性、方便和利益成本計算，三者不能同時兼得，而對我來說，安全永遠都要排在首位，因為0乘以任何數字，其結果都是0。一旦安全意識不足，那前方縱有更方便、更大回報，所有資產都隨時化為烏有。而且，幾乎所有發生在加密貨幣和NFT市場的騙局，其「成功」關鍵都不在於騙徒的手法有多高明、技術有多先進，而是在於我們有多

「不負責任」——騙局的設立都是針對人的無知和懶惰,而技術進步的節奏又遠比人學習的速度來得快,所以,當我們的貪念一起,怕未能賺盡所有著數,又不肯付出相關的時間和努力去汲取新知識,受騙就是遲早的事。所以,真正保障自己資產的心法只有一個:付出努力和時間去學習新事物,保護自己。

幣圈術語:DYOR

Do Your Own Research,投資前,自己做好研究——這話雖是老生常談,但真正實踐的人其實少之又少。

終章

投資，
不是為了成為金錢奴隸

加密貨幣圈子裡有一句這樣的説話：「幣圈一日，人間十年」。意思大約是加密貨幣市場盡是驚濤駭浪，資產市值暴升或蒸發速度之快，都是人間世間所難想像。正因起跌大，每當市場出現重大變動時，身邊朋友總會有一連串問題——大升市時，會問「現在入場還來得及嗎？」相反，大跌市時，問題就會變成「這一浪何時會完結」、「我一買入就跌了多少個百分比，怎麼辦？」甚至有人質疑加密貨幣的波動幅度和揮發性如此巨大，根本不適合作為投資工具。

若然有人將波幅大小與作為投資工具的合理性掛鈎，只得抱歉説句，他/她根本對投資、對整個世界的理解仍然很片面。須知道，目前我們所見的資產，如白銀、黃金、英鎊及房地產等，其實都經歷過大上大落的階段，只是我們將眼前的現況、過去數十年世界穩定局勢、經濟緩慢上升等都視為常態，從而得出一個「穩定就是好」的説法來自圓其説；不過只要你的視角夠宏觀、涉獵的範圍夠廣闊，鑽研的東西夠深入，不難發現，世界一點都不穩定，而所有我們認為的「穩定」都是一個相對的狀態，但進入這狀態前，波動大、揮發性高，都是必經過程。

撫心自問：賺錢為了甚麼

換言之，加密貨幣市場的高低起跌，其實相當正常，但假如作為投資者的你面對不了這些激烈變化，入市之後會心驚肉跳、坐立不安、手心冒汗的話，那恐怕加密貨幣市場不太適合閣下。當然，很多人都不能接受自己與幣市無緣，特別是當那些「炒幣致富」、「少年幣神」的資訊看得人心癢癢時，人人都只會想著「執輸行頭慘過敗家」，不可眼白白錯過這個發財機會。

如果你正正有這個想法，我希望你能靜下來，問自己一道問題：你投資賺錢究竟為了甚麼？假如你的答案是「改善生活」，那倒還好，但我聽過最糟糕的答案就是「賺錢為了賺更多錢」，因為這類人就算賺更多的錢，內心依然貧窮，窮得只剩下錢。

我認為，無論投資甚麼，都要先弄清楚自己與金錢的關係，否則，我們很難會快樂，甚至會跌入一個「社會共同價值觀」的陷阱當中，成為金錢奴隸。所謂「社會共同價值觀」，即是社會用以衡量一個人是否成功的標準，當中最直接、赤裸的單位就是「錢」——每月收入多少、擁有物業和房車數目多少、信用卡限額多少……

但這個衡量機制其實是一個死循環。當你月入兩萬元時，你的支出可能會用於家用、吃喝玩樂等日常消遣；當你月入五、六萬元時，就會開始想出去租樓自住，或是儲首期置業、買車；一旦你每月有二十萬元的月收入，那圍繞你的問題就可能變成：要讓孩子入讀哪一家國際學校、要移民到哪個國家等……換言之，當你收入愈多，你的支出也是相應上升，再者，擁有愈多，你就越害怕失去眼前一切，這時候，

你面對的問題更多，但能選擇的事物反而更少，亦沒有因此變得更快樂，真正成為了「金錢的奴隸」。而站在政權的角度，其實相當樂見這種金錢奴隸的形成，因為人人忙於賺錢養家供樓這事對維持社會穩定有正面作用，問題是，這是否你想過的生活？

投資加密貨幣 了解世界變化

要離開這個陷阱，就要明白一個道理：我們的人生不會單單因為「錢」而變得成功，真正的成功在於有否通過自己的努力，令自己的選擇變多。

我在本書開首曾提及，對我來說，投資加密貨幣的這幾年，最大的喜悅並不是源自幣價的升幅或是資產的增加，而是我在思考事物時多了一重維度：每一款加密貨幣的誕生，背後都有一個理念，希望能夠從科技、金融或生活層面去改變世界，改善現有的生活模式，例如比特幣的出現，源於有望取代現時銀行系統的貪婪與邪惡；治理代幣如 OSMO，持有者可參與管理，拒絕單一利益集團獨大的局面。而在學習、認

識這一款又一款的幣時，人的思想會變得更加開放，更願意去放下固有的想法，虛心去了解世界當前的變化和可能出現的局面，這樣的得著，其實比投資得到回報更開心。

日日緊盯幣價上落而令自己的生活進退失據，那縱使賺得無盡財富，也只是個失敗的投資者；放下投資和賺錢之間的那本來不存在的恆等符號，好好思考自己與世界、金錢的關係；保持開放、虛懷若谷，方是成為成功投資者的不二法門。